フィギュール彩 84

Concept note for various media
ED. Yukihiro Masuda

メディアの本分

雑な器のための
コンセプトノート

増田幸弘
〈編〉

figure Sai

彩流社

目次

建築の化石たち Techno Fossil.

1

宮古島の三〇年を辿って

古層を耕す思想 14

もののリアリティ 25

石ころにまつわるつぶやき 38

光目的と経験と 48

建築の経験と 55

人間像 68

2

3

雲の化石あるいは Techno Fossil.

島　武実

ＳＮＳで世界とつながっているという錯覚はやめたほうがよい。僕は思ったこともない。ただ友だちと連絡がとりやすくなっただけ。しょせん、似た者同士の繋がりでしかないのだから。

僕がデータ通信をはじめたのは、まだ音響カプラーという受話器をのせる通信機器で接続していたころだ。一九八〇年代の真ん中辺りだったかと。

Wi-Fi など知る由もないそのころ、世界と繋がっていると思えた不思議。インターネットを介しただけで、画像や音声やメールが他人の手を煩わせないだけのこと。誕生日の祝辞にケーキの写真が添付されていても、ローソクの炎は永遠に消えない。もちろん不愉快な感じはしないが。

ＳＮＳで上限まで友だち？　を抱えている人を何人も知っているが、なんらかのビジネス利用でない限り無理だろう。ＦＢの場合は五〇〇〇人でしょ。敏感に反応してくれるのは五〇人ぐらいが僕の場合で、ひたすら？　見たり読んだりしてくれるのは＋一〇〇人ぐらいと思っている。

グローバルという考え方は死にかかっている。世界はローカルで成り立っているのにね。せいぜいグローカルで止めておかないと。諸刃の剣のポピュリズムが右手をかざせと言っている。はてさて、子どもたちの未来をどうすればいいのか。

G φ600

ムチ

蒸し暑い夏の夜、あるいは冬に絡み合いながらも隣で眠る孫の顔を覗きながら想うこと。それは自分がムチであったがゆえに、いかにたくさんの人に助けられてきたかということだった。

僕は一九四六年うまれの浅草育ち。父親は接骨院を開いていた。終戦から間もない時代でもあり、かなりの貧乏であった。

戦前は大きな道場を祖父から引き継いで開いていたらしいのだが、戦災で消失してしまった。父からは一度だけ父の弟のことを聞いたことがある。――あいつが生きていればなあ――。南方で戦死したとのことだった。たぶん二人で道場を再建することができたという悔しい思いだったと。

育った場所は合羽橋と浅草六区街に挟まれた地域で、小学校に上がる前から映画街が遊び場で、邦画から洋画の封切り館がひしめいていたからか、ふらふらと六区を一人で流す子どもだった。映画館の入り口にはウインドウがあり、上映される映画のシーンが何枚か貼ってあった。洋画はほとんどがアメリカ映画で、おもしろそうなシーンを紙焼きにしてあった。まれにその映画を見ることが出来れば、帰りにまたウインドウを見ることになる。

家には風呂の設備などないから銭湯にいくことになる。商店や問屋が近いから、働く店員さんたちは毎日、汗と埃を流しに来る。銭湯の天井は高い。壁には上映中の映画のポスターがびっしりと貼ってあり、それを眺めてはまた六区へ確認するために遊びにいくことになる。

東映・東宝・松竹・日活・大映の新作、演芸場・三本立ての映画館・いつも素早く通り過ぎる裸のお姉さんの写真がたくさん貼ってある劇場。映画館には呼び込みのおじさんがいて、これから上映される映画の時間などをダミ声で叫んでいる。

呼び込みのおじさんのなかには父の患者さんもいて、招待券などをよくくれたこともおぼえている。大概は父と母が見にいっていたようだ。

六区の映画街を西に行くと浅草寺があり、そこに抜ける道はいくつもあって、一番好きだったのは花屋敷を経由する経路だった。まだまだこの辺りは大きな空き地があって、僕らが瓢箪池と呼んでいた場所はいまでいうアミューズメントビルになり、さらに行くとおどろおどろしい仮設小屋があった。

首の長い女の人や下半身が熊のような毛に覆われた女の人、蛇女と言われている人、ほかにもまだまだあったのだが、思い出せない。

見せ物小屋の呼び込みおじさんは、声が枯れていて、必ず「親の因果が子に報い……」と好奇心を煽っていた。もちろん親の因果の意味はわからないけれど、親がなにか悪いことをすると、子どもに悪いことが移るのだなぐらいは想像できた。いま思えば出し物はSFXの子ども騙し版なのだが、小屋の表にある絵の出来は、とてもよく描かれていた。

おこずかいがほとんどないから、時折入り口のムシロのようなものが上がると覗き込むのがせいぜいで、中はやはり見えないようになっている。

覗き込むチャンスを待っていても無理で、呼び込みのおじさんに追い払われるのがせいぜい。浅草寺に向かう途中に伝法院という場所があり、そこには手入れの行き届いた庭園があった。もちろん子どもには手入れが良いなどとはわかるはずもなく、そこそこの池でそれなりに水遊びを繰り返していた。浅草寺と比べ、人の出入りがほとんどなく、そこはなんとも言えない秘密の遊び場だった。

大人になって、一度再訪したときには池や庭にはもはや入れないように柵が張りめぐらされていたのを思いだす。悪ガキはほかにもいたようだ。

浅草寺の境内にはいつも人垣のできている場所があり、そこではおもしろいことが起きていた。蛇に腕を噛ませ、ある軟膏を塗ると傷がみるみる治る薬や、それを塗るとホクロがたちどころに取れたり、なかなか抜かない居合抜きだったり。さすがに空中を浮かぶ人はいなかったけれど、大概は後でものを売るための客寄せで、そのころにサクラということばを覚えたのだと思う。このころからサクラは禁句。

浅草寺から仲見世を雷門に向かうとクロスした商店街がある。その新仲見世の商店が休みの日、泥にまみれた万年筆を売るおじさんがいつもいた。なんでも働いていた万年筆工場が火災に遭い、やっとの思いで残ったものだけを持ってきたという触れ込み。泥にまみれたビニール袋から取り出す万年筆は魅力的で、小遣いを貯めて買うべき一番に万年筆がなっていたと思う。買えなかったが。

© Takemi Shima

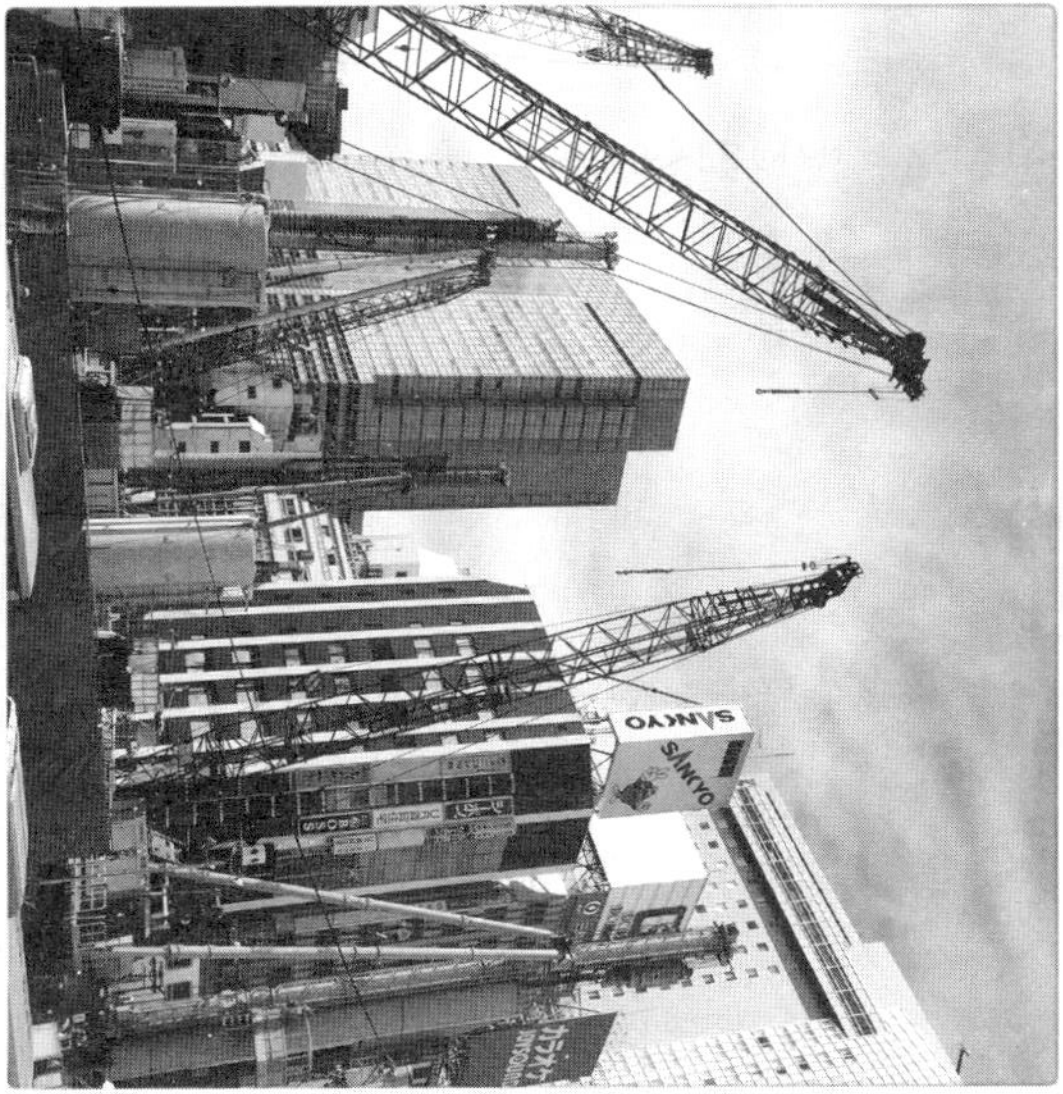

© Takemi Shima

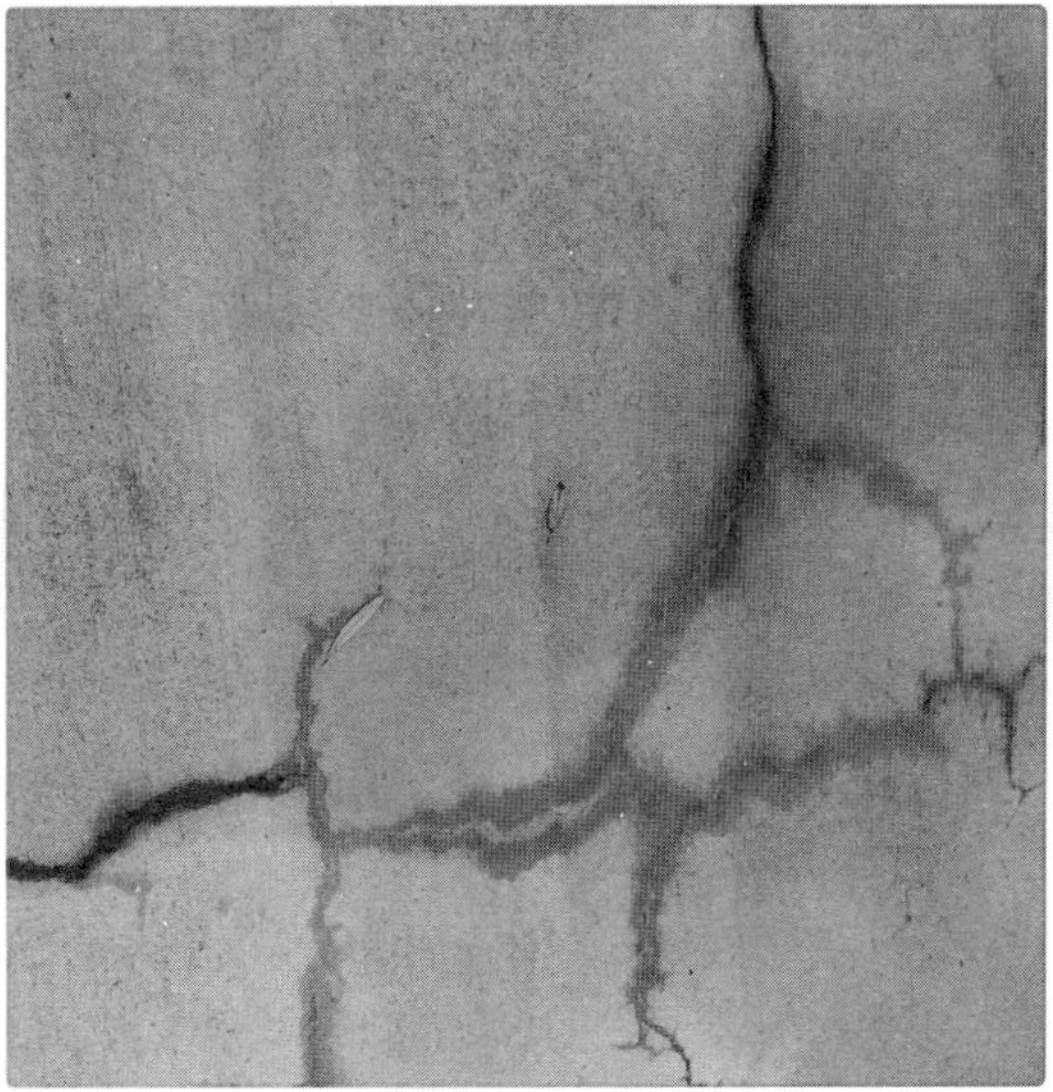

小学校も高学年になると遊びたい場所が増えてきて、自転車が憧れのものになる。もちろん自転車を持っている子どもは皆無で、一時間単位で貸してくれる人気の自転車屋が吉原のそばにあった。借りた自転車で行動範囲は広がり、隅田川にかかる吾妻橋を渡り向島まで。西に向かえば上野公園を超えて不忍池の向こうにある東京大学の三四郎池まで遊び場は広がった。空き缶にビー玉やメンコなどを入れ、木の下に埋めて秘密の地図を大事に持っていたこともある。『トム・ソーヤの冒険』の真似事だった。

歩いていても自転車に乗っていても、家のまえで道に絵を描いていても、行き交う人たちはみんな友だちだったと思える。なにをしている人？　なんていう名前の人？　何歳なの？　そうゆうことの必要のない自分たちの領域があったということ。ＦＢなどが出てくる何年も前のある本に、人は五人を介せば大統領にも繋がっているとあった。産業革命からつづいてきたシステムや技術がいまやボロボロ状態なのは、僕のような無知な人間でも予想できる。平和ボケという真の意味は、インターネットの破壊力を予想しなかったところにあったのではないかな。

（作詞家）

© Takemi Shima

三〇年前の手紙から

音部美穂

「おげんきですか。わたしはかぜをひいています」

幼い日の私が書いていた手紙の書き出しは、いつもこうだった。風邪をひいていようといまいと、手紙の送り先が祖父母だろうが友だちだろうが幼稚園の先生だろうが、書き出しはワンパターンだったのだ。母に「元気なんだから、風邪をひいてるって書くのはおかしいんじゃない?」とたしなめられても、おかまいなし。実際に祖母が保管してくれていたいくつかの手紙を見ると、どれも薄茶けた便箋に覚えたてのミミズのような字で、「わたしはかぜをひいています」とつづられていた。

なぜ風邪をひいてもいないのに、こんなことを書いていたのか。それは、「風邪をひいている」というフレーズが、相手に心配してほしい、自分のことを見てほしいと気を引く手段だったからだ。

いまの私を知っている人には非常に驚かれる(というより、信じてもらえない)のだが、幼いころの私は、極度の引っ込み思案だった。だから、部屋の隅っこで壁に向かって静かに絵本を読むのが一番リラックスできる時間だったように記憶している。

そのうち、読書をするだけでは飽き足らなくなり、自分で絵本を書いてみたりしたこともあったし、小学校にあがってからは、「お知らせ新聞」という家庭内広報誌のようなものを書いたりもしていた。この新聞の存在を久しく忘れていたのだが、先日母が荷物の整理をしているときに発掘したようで、そこには「ペットのハムスターの名前を公募しています」とか、「庭でセミが羽化をしました」などといった超どうでもよいローカルニュースばかりが掲載されていた。しかも、しっかり私の署名つきの原稿で。

ともあれ、口下手で、人前ではモジモジしてばかりの私にとっては、書くことは最高の表現手段だったのだと思う。だから、子どものころから「書く」という行為を仕事にすることに憧れていたし、紆余曲折を経て出版業界に入り、ライターという職業を選んだのも、子ども時代の思い出と無縁とは言えないだろう。ただ、その過程で、「ライターとは、書くことで自分を表現する仕事」というのが大いなる勘違いだったと気付くのである。

「書くことが好きなので、ライターになりたいです」

目を輝かせながらそう言うライター志望の若い人に出会うことが、たまにある。そんなとき、私は決まってこう答えるようにしている。「書くことが好きなのに越したことはないけれど、それだけでは大変だよ」と。

実際、ライターの仕事では書くのはほんの一部分にすぎない。企画を立て、取材先を探し、セッティングして取材。原稿を書き、場合によっては原稿チェックのやりとりも発生。校了ギリギリまで事実関係の確認に追われることもある。その一連の作業がすべてライターの仕事だ。当然ながら、書く能力だけではなく、他人とコミュニケーションを円滑に取ることができる能力が求められる。

だから、「書くのが好きなだけではツラい」というライターの現実を伝える一方で、これだけは絶対に言うまいと心に決めていることがある。それは「食えない仕事だから、やめたほうがいいよ」という言葉だ。

実際のところ、実入りのよい職業だとはとても思えない。それでも、このフレーズを言わないのには理由がある。三年前に私がライターとして独立した際、出版業界の先輩方から口々にかけられた言葉がいまも忘れられないからだ。

「こんな時代になぜフリーライターになんかなったの?」

金太郎飴のようにありとあらゆる人の口からこぼれるこの言葉を聞くたびに、私は困惑した。第一に、いままさに港を出発して大海原に出ようとしている人に向かって、「この先は大嵐なのに、どうして船出したの?」と言わなくたっていいじゃないか、と(笑)。

そして第二に「こんな時代に」と言われても、私は「こんな時代」しか知らないからだ。

社会に出たのは二〇〇三年。超がつくほどの就職氷河期で、その後、世の中の一部の人にとっては好景気が訪れた時期もあったようだが、少なくとも私には、社会に出て以来一〇年以上の間、景気のよい話とは一切無縁のままだった。しかも、この一〇年の間にインターネットの普及も手伝って、紙媒体はどんどん休刊に追い込まれ、状況は悪くなる一方だ。

諸先輩方がおっしゃるには、「出版業界も、昔はよかった」らしい。「経費を使いまくれた」とか

「部数もたくさん刷れた」などという話もちらほら聞くのだが、私には「昔のよさ」が肌感覚としてはよく分からないので、「いま」が基準値になっているのだ。先輩方が言う「昔」とは、私にとっては歴史の教科書で現代史を学ぶような感覚なのかもしれない。「この業界も、昔はよかったんだけどねぇ」と遠い目をして話す先輩を見ると、なぜだかその人が別の世界の人間に思えて、無性に虚しさがこみあげる。

大学卒業後、某メガバンクでのOL生活を一年半でドロップアウトした後、三つの出版社を渡り歩き、ライターとして独立してから三年が経つ。一社目の出版社は、社員が一〇人ほどの小さな会社。経理や財務担当者のための専門誌の編集部が、私の出版人生のキャリアの第一歩だった。その後は、中堅出版社と大手出版社で週刊誌の編集に携わった。

週刊誌在籍時代は、毎日がエキサイティングだった。スクープを飛ばしたときの爽快感は、何物にも代えがたい。自分がつくった記事がヤフートピックスに上がり、ワイドショーが後追いをして、人びとがそれに釘づけになる。まるで自分が世間を動かしているかのような錯覚に陥った。

でも、錯覚はしょせん錯覚でしかない。お祭り騒ぎのように熱に浮かれた時間は一瞬で過ぎ去り、翌週にはまた新たなニュースが世間を賑わす。砂漠の蜃気楼のように、浮かんでは消えるなにかを追いかけつづける。そんな日々だった。

編集者時代は外部ライターに仕事を依頼することも多かったので、原稿料の相場も把握しているつもりだった。決してラクではないだろうと思う一方で、ライター業で生計を立てている人だって何人も知っていたから、「自分にもできるんじゃないか」という気持ちは心のどこかにあった。

だからなのだろうか。「こんな時代になぜフリーライターになんかなったの？」という言葉の裏には、私の今後を案じるのではなく、「あなた、こんな時代にライターなどという食えない商売で、やっていけるとでも思ってるの？」という、どこか見下されているような、鼻で笑われているような気持ちが込められているのではないか。そんなふうに穿ってしまう自分さえいたのだ。

いかにして生活を成り立たせるか。フリーライターとしての最重要タスクとしてそれを自分に課したのには、そんな経緯があった。

「せっかくフリーになったんだから、好きなことをやりなさい。頑張っていれば、お金は後からついてくるよ」

そう鼓舞してくださった先輩もいたが、なんせオイシイ思いをしたことがない氷河期世代としては、いつ降ってきてくれるかどうかも分からないお金など、信じられるわけがない。それに、生活が成り立たないのであれば、それは仕事ではなく、「趣味」のレベルにすぎないのではないか、という気持ちもあった。

編集者経験があるとはいえ、駆け出しのフリーライターに仕事を選んでいる余裕などない。もらえる仕事はなんだって引き受けた。だからこそ、この業界には、本当にさまざまな仕事があることを発見できたし、「こんな時代になぜフリーライターになんかなったの？」とやたらと問われる理由を身を以って実感したのだ。

ある編集プロダクションの仕事を引き受けたときのこと。原稿料を聞いて目が点になった。たしかに文字数が多い原稿ではないのだが、取材先のピックアップからアポ取り、先方との原稿確認のやり取りなども当然ライターの仕事なので、時間はそれなりにかかる。しかし、このような「手間」が反映された原稿料だとはとても思えなかった。それまでも週刊誌の編集者を務めていたので、出版業界における原稿料の相場は分かっていたつもりだが、甘かったとしかいいようがない。

参考までに、「他にどのようなライターが、この仕事を引き受けているんですか?」と編集者に尋ねたところ、夫の扶養の範囲内で働く主婦のライターが多いのだという。そうだろうなと思った。このような単価の低い仕事だと、月に数十本以上引き受けなければ、生活費を賄うことは不可能な計算になる。いや、引き受けるというよりも、「こなす」という感覚になるだろう。取材して書くという、本来楽しいはずの作業がとてつもなく苦痛に感じられるにちがいない。

一つひとつの仕事に愛をもつことと生活を成り立たせることを両立させるには、どうすればいいのか。そう自問自答した結果、浮かんだ答えは「多くの人から求められる人間」になることだった。「物書き」には、「芸術家」と「職人」の二種類の人種がいると私は思う。前者は、自分の世界観を表現するために書く人。そして後者は、読者が求めるものを書く人だ。私は残念ながら芸術家ではないことは自分でもよく分かっている。だったら、読者がなにを求めているのかを常に意識して書かなければ――。その考えに至ったのは必然でもあった。

「わたしはかぜをひいていいます」の経験から、書くことは自分自身を表現するツールなのだと勝手に思っていたが、そうとは限らない。取材対象者の思いを分かりやすく伝えたり、インタビューを魅力的に描写することも、物書きの大事な能力のひとつなのだ。記事ならば読者が知りたいこと、広告ならばクライアントが求めるものを書いてこそのライターだ。そう考えると、私のなかでは、ライターという仕事は「表現者」ではなく「文章というツールを使う職人」でしかない。原稿は「作品」ではなく、「商品」だ。この商品をお金に替えて私は生活しているということになる。

振り返ってみれば、週刊誌の編集部に在籍していたときに、読者が求める記事を書くことを自然と叩きこまれていたのかもしれない。しかも、綴るべきは、事実を正確に、できるだけコンパクトに分かりやすく表し、かつおもしろくてオチがある文章。「あれも取材した、これも取材した」とあれこれ書きたくても、文字数に限りがあるし、なによりも読者にとっては、まどろっこしいだけで不要な情報かもしれない。どれだけ思いがこもっている取材だったとしても、読者が求めている情報でないのなら、それはただの自己満足にすぎないのだ。

このようなことを語ると、「読者に迎合するのか」などと言われそうなのだが、迎合することと、求められているものを書くことは全然ちがうと思う。恋愛に置き換えて考えると分かりやすい。たとえば、「私って、こういう人間なの。ステキでしょ、可愛いでしょ、おもしろいでしょ。だから私のこと好きになってよ」と言われても、相手がそう思わなければジ・エンドである。だが、相手がどのような異性がタイプなのかをリサーチし、自分のなかにその要素を育てていけば、相手が受け入れてくれる可能性は大いにあるはずだ。「大衆モテ」を狙うわけではなく、「目の前の相手のニーズを満たすように努力する」のだ。

もちろん、自分の書きたいジャンルだけを追求するという仕事のやり方もあることは承知している。だが、もしこれからライターを目指す人に私がアドバイスできることがあるとすれば、「あえて門戸を狭めずになんでもトライすることで道が開ける可能性だってある」ということだ。

週刊誌の編集者時代、上司にこんな話を聞いたことがある。

「この仕事の素晴らしいところは、どんな経験も絶対に無駄にならないところだ。たとえば、事件の聞き込みで犯人宅の周辺を回ったとしよう。一〇〇軒聞き込んでみたけれど、どの家からもなにも情報が得られなかったら、君はどう考える？　時間のムダだったと思うか？　そうじゃない。少なくとも『犯人はご近所とまったく付き合いがなかった』ということだけはハッキリと分かるはずだ」

なるほど、と膝を打つと同時に、この仕事の奥深さを垣間見た気がした。一見、徒労に終わったと思える経験も、決してムダではない。他人から見たらムダでしかないことを積み重ねた先に、新たな視界が開けるのだ。

この仕事においてはどんな経験も無駄にならない。であるのなら二〇一六年に得た経験は、きっと私のライター人生に大きな影響を及ぼすはずだ。その夏、私ははじめての出産を経験し、母親になった。いまこの原稿も生後四カ月の子どもが寝た隙を見計らって、せっせと執筆している。「赤ちゃんが可愛くて仕方ないんじゃないの?」とか「育児って本当に楽しいでしょう?」などと聞かれるが、正直なところ、可愛いとか楽しいと思えないときだってある。誤解を恐れずに言うと、子どもと一緒にいる時間の九割はツライ。毎日毎日、授乳とオムツ替えのエンドレスループ。日増しに重くなる子どもを抱っこしながら片手でキーボードを叩いて原稿を書き、やっと寝たと思ってベッドに連れて行くと、降ろした瞬間に背中センサーが反応して耳をつんざくほどの声で泣く。

中でも一番つらいのは、自分の至らなさを痛感させられることだ。これまで、仕事も含め、自分は身の回りに起きる大抵のことを冷静に見つめ、客観的に判断できる人間だと思っていた。「女性は感情の生きもの」だというのが世の通説だが、そうであるならば私には女性的な思考回路がないのかもしれないとさえ感じていたくらいだ。

しかし、この数カ月間で、それは過信だったと知る。なんでも客観的に判断できるはずだった私が、我が子のこととなると客観的でいられない。子どもが泣くたびに慌てふためき、オロオロしてしまう。次第に自分まで悲しくなってきて心臓がキューーッとする。一緒になって泣いたことも一度や二度ではない。しまいには、子どもの泣き声が耳にこびりついて、常に幻聴のように泣き声がリフレインする現象まで発生してしまうほどだ。

赤ちゃんが泣くのは当たり前のこと。「空腹やオムツの不快感などの欲求がなくても、ただ寂しくて泣くこともあるんですよ」と育児書にあったのもきちんと目を通している。頭では分かっているのに、なぜか心がコントロールできない。そんな自分に愕然とする。

「ああ、私ってこんなバカな人間だったんだ……」

一日何度そう感じることか。言葉は悪いが、子どもが私を愚かにしたのだ。いや、もともと感情的で情けなくて未熟な私だということを、子どもが気づかせてくれたのかもしれない。

「あなたは私をちゃんと育ててくれるの？」

キラキラした瞳で子どもに見つめられると、そう問いかけられ、私という人間を試されている気持ちになる。それは、仕事において「このライターはいい原稿を書けるか」と試されていることとは別次元のプレッシャーを私に与えている。

一緒にいる時間の九割がツラいのに、なぜ私は心が壊れずに育児をつづけていられるのだろうかと考えた。それは残りの一割が仕事では得られない種類の喜びをもたらしてくれるからだと思う。ニッコリ微笑んだり、声を上げたり、おもちゃを掴めるようになったり。他人から見ればどうでもよいようなことなのだが、そんな些細なことが九割の忍耐を吹き飛ばすほどの破壊力をもつのだ。

正直なところ、子どもを産むことは一種の賭けのようなものだと思っていた。独立して三年が経ち、せっかくさまざまな仕事を請け負えるようになり、ライター業が軌道に乗ってきたところなのに、出産と育児で仕事を中断してしまったら、もう自分が戻れる場所はなくなるのではないか、と。存在を忘れられてしまったらどうしよう。仕事が来なくなったらどうしよう。妊娠中は、そんなことばかりが頭をかすめていた。この葛藤は、男の人には絶対に分からない。「ああ、男に生まれればよかった！」と何度ため息をついたことか。

しかし、案ずるより産むが易し。フタを開けてみれば、出産後も、以前と同じように仕事はある。もちろん、時間的な制約があるので出産前と同じように働くことはできないのだが、それでも想像していた以上に自分という人間を求めてくれる人がいることに、あらためて喜びを感じる。結局のところ、「ライターという職業が好き」というよりも、「だれかに必要とされている自分が好き」なのかもしれない。これも、出産を経験しなければ気づけなかったことだろう。

そして、求められることで生計を立てられるようになったいま、もう一歩レベルを上げなければならないと感じている。求められるものを着実に仕上げる一方で、たとえ求められていなかったとしても自分の色を出せるものを書くことだ。

多くの人にインタビューをしていると、世の中にはなんて魅力的な人がたくさんいるのだろうと心がときめくと同時に、自分はなんて平凡な人間なんだろうと嘆息させられることがよくある。だからなのか、自分の好きなこと、書きたいことにいまいち自信がもてない。こんなことを言っている時点で、まるで「『中二病』じゃないか」と恥ずかしくなる。

ただ、その恥ずかしさの壁を壊さない限りは、生活を成り立たせることはできたとしても、ライターとしての階段を上ることは難しいのかもしれない。だからこそ、なんの恥じらいもなく「かぜをひいています」と書いて人の気を引こうとしていた幼い日の私を、うらやましくも思うのだ。

というわけで、まずはだれかに手紙を書くことからはじめようか。「お元気ですか。私は風邪をひいています」と。

（フリーライター）

高倉健さんからの宿題

佐々部清

自分にとっての映画を振り返ってみると、ぼくの世代はおおむね怪獣映画、おそらくゴジラからはじまっている。きっとぼくは『キングコング対ゴジラ』って映画が、最初の映画体験だ。四歳のとき、父親と二人で観た。いまでもしっかり覚えている。けれども怪獣映画やアニメ映画は小学校高学年で終わった。なので、いま日本中が怪獣映画やアニメ映画に大騒ぎしているのには驚いている。ぼくの世代を含めて、いい大人たちがリピートしているらしい。

本格的な映画への目覚めは、テレビの「洋画劇場」だったように思える。日曜洋画劇場の淀川長治さんからはじまり、月曜ロードショーの荻昌弘さん、水曜ロードショーが水野晴郎さん、金曜日のゴールデン洋画劇場が高島忠夫さん、そして土曜映画劇場が増田貴光さん。映画評論家と呼ばれる人たちの解説つき洋画を、夜の九時からほぼ毎日、観ることができた。すべてが日本語吹替え版で、放映時間に合わせて大幅に編集カットされてはいたが、めったに映画館に通えないぼくのような田舎の中学生には十分に刺激的だった。日曜洋画劇場では大好きなアラン・ドロンの出演している紳士服ダーバンのＣＭが毎週観られた。というか、この枠でしか観られないＣＭだった。まさに映画の一シーンのようなＣＭで、ラストに流れるアラン・ドロンの決め台詞「ダーバン、セ・レレゴンス・ドゥ・ロム・モデルヌ」は生まれてはじめて覚えたフランス語だ。ラジカセをテレビのスピーカーに向けて録音し、カタカナに書き起こして、一生懸命覚えた。ただ、それがどういう意味なのかは、いまだにわからない。

まだビデオやＤＶＤのない時代である。「洋画劇場」は自分で作品を選べない分、どんなジャンルの作品でも自ずと観ることになる。西部劇（当時はマカロニ・ウエスタンもあった）からＳＦ、文芸モノ、ミュージカル、戦争映画などを観ながら、いろんなことを教わった。学校の社会科の授業で聞かされてもピンと来ない聖書が、『十戒』（一九五六年）や『偉大な生涯の物語』（一九六五年）を観ると俄然身近なものになる。『マクベス』（一九七一年）や『ロミオとジュリエット』（一九六八年）などのシェイクスピアも、「洋画劇場」が教えてくれた。苦手な数学のテストで、前日観た「洋画劇場」の感想を裏面にビッシリと書いたら、ほんのちょっとだけ点数をもらえ、赤点を逃れたなんてこともあった。そんな「洋画劇場」も、いつしか姿を消してしまった。視聴率という数字のためである。

ぼくの世代の監督たち、とくにぼくのような地方出身の監督のほとんどは、淀川長治さんをはじめとする夢先案内人によって、映画という世界の扉を開けてもらったのではないだろうか。少なくともぼくの映画人生は、淀川長治さんに「お弟子さんにしてください！」と手紙を書いたところからはじまる。タダで映画を観ることができて、さらにお金までもらえる職業、それには映画評論家しか思い浮かばなかった。たしか、中学二年生の夏だった。背中を押してくれた映画は、リバイバル二本立てで観た『ウエスト・サイド物語』（一九六一年）である。

このリバイバル二本立てというのがまた、ぼくを映画に導いてくれた。近所にある塾の先生は、映画ファンの大学生だった。『卒業』（一九六七年）って映画がおもしろいから観に行ったらと勧めてくれた。ダスティン・ホフマンとキャサリン・ロスが主演、サイモン&ガーファンクルの主題歌が大ヒットした、よく知られる映画だ。その作品の同時上映が、『ウエスト・サイド物語』だったのである。一四歳のぼくに、『卒業』はむずかしすぎた。逆に『ウエスト・サイド物語』はわかりやすいメロドラマで、ミュージカルなど観たことがなかった田舎の少年には衝撃だった。故郷の下関にある劇場で一カ月ほど上映されていたのだが、週末のたびに通い、合わせて一三回も観た。当時の劇場は入れ替えなどない。朝入場したら終映まで、何度観てもよかった。『卒業』の上映中はロビーで本を読んだり、おにぎりを食べたり、劇場内で昼寝をしたりして過ごした。『ウエスト・サイド物語』の上映になると目を凝らしてスクリーンに集中する。二本立ては映画に接する、最高の機会だった。はじめて購入した映画のサントラ盤（ＬＰレコード）もこの作品だ。「トゥナイト」「マリア」などの歌詞は、英語で唄えるくらい、聴き込んだ。いまはサントラ盤（ＣＤ）なんて売れないからつくらないそうだが、当時はビデオが登場するよりさらに前の時代。サントラ盤を聴きながら、映画の一シーン一シーンを想い出すっていうのが至福の時間だった。その脇にパンフレットがあれば、至福は至極になる。

昭和何年ごろまでだったか、日本映画は基本的に二本立てで興行されていた。メインになる作品と、シングル・レコードのB面にあたるような作品が「同時上映」という名目で上映されていた。山口百恵さんの大ファンだったぼくは、彼女と三浦友和さんの主演する「モモ・トモ映画」を、スタートの『伊豆の踊子』（一九七四年）から引退記念につくられた『古都』（一九八〇年）まで、すべての作品を劇場で観た。なかでもいちばん好きな作品が『潮騒』（一九七五年）だ。その同時上映作品が和田アキ子さん主演『お姐ちゃん　お手やわらかに』だった。当時のパンフレットを引っ張り出してみると、表紙は『潮騒』で、裏表紙が『お姐ちゃん　お手やわらかに』である。全二二ページのパンフレットの頭から一四ページが『潮騒』、残り八ページが『お姐ちゃん　お手やわらかに』である。パンフレットさえもA面作品とB面作品に、きっちり分けられていた。和田アキ子さん主演作品は、当時テレビのバラエティ番組に「ゴッド姐ちゃん」というキャラでの人気番組があり、それに便乗した、安易な企画の映画だった。因みに、昭和五〇年公開作品で、パンフレットの価格は二〇〇円となっている。

昭和五三年夏に公開された日活映画『高校大パニック』は、もともと石井聰亙《そうご》監督の製作した二〇分ほどの八ミリフィルムによる学生自主映画だった。進学校の高校生が、数学ができないことで教師に卑下にされたことへの反発から、盗んだライフル銃で教師を殺害する。あとは、主人公がただひたすら校内で機動隊と闘う、荒唐無稽なストーリーである。それを原案に、プロと学生が融合して九四分のプログラムピクチャーに仕上げた作品が『高校大パニック』だった。ぼくは八ミリの自主映画版に少し関わっていたので、日活での撮影にもちょっとだけお邪魔した。ヒロインはデビューしたばかりの浅野温子さんだった。その初々しさは、いまでも脳裏にしっかり焼き付いている。同時上映作品は、アリスのヒット曲をタイトルにした『帰らざる日々』で、シナリオライターの登竜門「城戸賞」を受賞した脚本を、藤田敏八監督が映画化した青春映画だった。ちょうど日活ロマンポルノに翳りが見え、一般映画の製作がふたたび動きはじめたころである。A面作品はもちろん『高校大パニック』で、テレビスポットでも「数学できんが、なんで悪いとや!?」って惹句が繰り返し流された。そして、画面の隅に「同時上映・帰らざる日々」とのテロップが、申し訳程度に告知されていた。が、ぼくは劇場で驚いた。感動したのは『帰らざる日々』のほうだったのである。アリスの主題歌に乗せたオープニングから、すっかり映画の世界に浸ってしまった。作品は高く評価され、この年のキネマ旬報ベストテン第五位になった。だから映画はおもしろいのだ。

ぼくが高校生のころ、日本中の男の子がブルース・リー主演の『燃えよドラゴン』（一九七三年）に歓喜した。ぼくもすぐにヌンチャクを自分でつくって振り回した。下関の劇場は二本立ての二番館である。いち早くこのロードショーを観るには、大都会である北九州の小倉まで足を運ばなくてはならない。それも一本立ての興行である。ぼくは友人のだれより先に観たくて、小倉まで遠征した。ヌンチャクも一足早く披露した。自慢だった。二カ月後くらいに下関で上映されたとき、『アマゾネス』（一九七三年）という映画との二本立てで公開された。ぼくはまた『燃えよドラゴン』を観たくて劇場に行ったのだが、魅了されたのは『アマゾネス』のほうだった。名も知らぬ女優たちの主演だが、とにかくお色気シーン満載でドキドキした。『燃えよドラゴン』を観るといって映画館に通いながら、『アマゾネス』のお色気シーンの時間になるとロビーから劇場内に入り、何度も繰り返し観た。こんなことも思春期だった自分には、とても大切な時間だったように思える。

高校卒業間近のころ、悪ガキ三人で連れだち、はじめてオールナイトに行った。下関みなと劇場だっただろうか。「仁義なき戦い大会」と看板にあった。深作欣二監督の『仁義なき戦い』五部作の一挙上映だ。三〇〇席くらいの、二階席まである大劇場だが、おそらく観客は一〇数人。ぼくたち悪ガキ三人は、二階席の最前列に陣取った。咥えタバコで手摺りに足を投げ出しての鑑賞だ。二階席はぼくたちだけで、上から見下ろす一階席には、ポツポツと大人が数人いた。なんともすえた雰囲気で観る菅原文太さん、松方弘樹さん、小林旭さんらは圧倒的に大人で、ぼくたちはすっかり魅了された。映画館を出るころには眠気と疲労感でいっぱいなのだが、なんとも心地よく、両手をズボンのポケットに突っ込んで、肩をいからせ、タバコを咥えて、すっかり菅原文太さん演じる広能昌三の気分で歩いていた。三人が三人ともが同じポーズだった。

大学進学は東京へと決めていた。とにかくたくさんの映画を観るためである。淀川長治さんからの返事のハガキにも、たくさん映画を観て、たくさん勉強しなさいと書いてあった。一九七〇年代後半の東京には、数多くの名画座が存在していた。二本立て、三本立てで、入場料は三〇〇円くらい。学校に行くより、名画座に通うことのほうが多かった。故郷では観ることのできない映画が、毎日どこかしらで観られた。そのうえ名画座では、いろんなオールナイトを上映していた。最初に惹かれたのは子どものとき、少しだけ観ていた加山雄三さんの『若大将シリーズ』である。毎週末、どこかの劇場で「若大将五本立て」が上映されていた。若大将が活躍するスポーツが変わるだけで、ストーリーはほとんど同じ。ただ劇中で歌う曲がちがい、若大将の歌うシーンになると観客から歓声が上がり、口笛が鳴り、ときには五色のテープがスクリーンに向かって飛んだ。田舎から映画に憧れて東京に出てきた小僧には十分すぎるくらいに刺激的で、都会ってすごいと思った。ほんとうにカルチャーショックだった。

そんなオールナイト興行が、映画評論家から映画監督へ、ぼくのめざすものを変えた。「原田芳雄カーニバル」と銘打たれたオールナイトで上映された作品は三本。『赤い鳥逃げた?』（一九七三年）『竜馬暗殺』（一九七四年）、そして『祭りの準備』（一九七五年）である。一本の作品が終わるたび、主演の原田芳雄さんが登壇してトークする。桃井かおりさん、松田優作さん、中川梨絵さんといったゲストとの裏話が炸裂し、さらにギターを持ち出してのミニ・コンサートがはじまった。満席の劇場で、通路に座ったまま、ぼくは一夜を明かした。ＡＴＧ作品を観たことがなかったぼくは、とくに『祭りの準備』という作品にすっかり嵌ってしまった。シナリオライターを志す主人公が、土佐の田舎町を飛び出すまでの一年間を描いた青春映画である。映画をめざして上京した自分と、江藤潤さん演じる主人公が完全にダブってしまった。この作品は大学在学中の四年間で、四三回も劇場で観た。そして、映画を観る側から、映画をつくる側になりたいと、はじめて意識した作品になった。さらに大学の仲間たちから「人のつくったものを四の五の言うよりは、自分たちでつくったほうがカッコいい」なんて言われて、その気になっていった。

大学時代の自主映画づくりは楽しいものだった。けれども、経済的にはこんなに割の合わないものもない。アルバイトのお金は、すべて消えてしまう。いまや伝説のカルトムービーになった石井聰亙監督の『狂い咲きサンダーロード』（一九八〇年）はそのひとつだ。電話代や劇用車のレンタルなど、かなりの持ち出しで参加した。この作品は石井監督の日本大学芸術学部の卒業製作というかたちでつくられたのだが、東映という大手映画会社に認められて全国メジャー系で公開された。中心にいた人たちはかなりの報酬を得たはずだが、ぼくが成功報酬として貰ったのはわずか四〇〇〇円の小切手である。愕然とした。こんなに頑張ってもこの報酬だ。認められたのは石井聰亙監督だけである。とにかくプロになってやろうと決めた。アマチュアじゃダメだ、ちゃんと生活のできるギャラをもらえるプロになろうと。

就職活動をしなかったぼくは、どこにも行き場がなかった。そんなある日、映画雑誌を眺めていて、「横浜放送映画専門学院」を見つけた。今村昌平監督が学長を務める映画学校だ。ここに行くしかないと思った。一年間、ひたすらアルバイトをして学費の一〇〇万円を稼いだ。そして、翌年から二年間、この映画学校で過ごした。憧れの今村監督とは、入学式で一度お会いしたきりだった。『楢山節考』（一九八三年）の撮影中で、学校で姿を見ることはまったくなかった。そんななか、ぼくがこの学院で影響を受けたのが浦山桐郎監督である。『キューポラのある街』（一九六二年）や『私が棄てた女』（一九六九年）を撮った名匠だ。監督としての技術的なことは、ほとんど浦山監督から教わったように思う。そしてもう一つ、ついに淀川長治さんと会えた。毎週、洋画を一本観て、そのあと一時間ほど、淀川さんの解説を聞くという授業があったのだ。バイトがどんなに忙しくても、最前列でこの講義だけは受講した。

卒業製作を含め、実習はすべて監督を担当した。人の授業料までも製作費にして、監督をやれるのだ。とにかく全力で監督の座を取りにいった。脚本を書き、自分に一票入れてくれる応援を募る。ありとあらゆる政治的駈け引きも駆使した。その甲斐あってか、卒業時には映画の現場にフリーランスの助監督として入れた。はじめて助監督として、ギャラももらった。とても安価だったが、それでもうれしかった。戸塚ヨットスクールを舞台とした『スパルタの海』（一九八三年）という映画だった。映画完成直後に戸塚校長が逮捕され、公開が中止された。因みに「モモ・トモ映画」の西河克己監督による作品である。

助監督になって拘ったのは、フィルム作品になるべく参加するということだ。一九八〇年代、映画は三五ミリフィルムで撮影されていた。サスペンスなどの二時間ドラマも、半分は一六ミリフィルム、半分はビデオ撮影といった感じだった。フィルムで撮影されるテレビドラマは映画監督が撮ることが多いため、できる限りフィルムの現場を選んだ。まさかわずか三〇年ほどで、ハイビジョンカメラでの撮影が主流になるとは思いもしなかった。しかし監督になったいまでも、自分の撮影スタイルはアナログである。モニターを観ながらの演出より、カメラの側に立ち、俳優やスタッフたちをしっかり見つめながら撮影している。映画は基本的に人がつくるものだ。俳優だけでなく、スタッフの気配もいつも感じていたい。学生から助監督の初期のころまでにあたる、二〇代のあいだは、スタイリッシュな映画への憧れもあったが、自分の家族ができて、さらに娘が生まれてからは、地味な人間ドラマに興味が湧いてきた。とくに三〇代半ばで参加した『北の国から』スペシャル版二作品の影響が大いにあった。大きな事件も、サスペンスなどもない、家族が想い合い、支え合うだけでこんな感動を呼べる。現場に携わり、それが実感できた。いまの自分の作風は、ここからはじまったと感じている。

さらにもう一つ影響を受けたのは、降旗康男監督、高倉健さん主演の『鉄道員（ぽっぽや）』（一九九九年）と『ホタル』（二〇〇一年）への参加だ。このチームでの撮影は、とことん完璧な準備をする。だから無駄がなく、人の集中がつづく時間内だけで、一日の撮影が終わる。クオリティが落ちないのはその賜物である。

デビュー作『陽はまた昇る』（二〇〇二年）から一貫して、人間ドラマを撮りつづけている。そこにしか興味がないからだ。自分が感動できないものを撮れば、作品にウソをつくことになる。ひいては観客にウソをつくことになる。お金を頂戴して観せる映画にウソだけはつきたくない。不器用かもしれないが、高倉健さんのおっしゃった「なにを撮ったかでなく、なにのために撮ったかだよ」という言葉が、いつも自分の宿題になっている。

自分のまわりで二人もの人が、鬱を苦にして自らの命を絶った。ならば、この病気に立ち向かうための栄養剤になればと考えて作品選びをしてみたのが『ツレがうつになりまして。』（二〇一一年）だった。『八重子のハミング』（二〇一七年）は日本が高齢化していくなか、老々介護の問題がどんどん大きな問題になっていくと思って脚本化し、映画会社を回った。『ツレうつ』は地味な素材だと断られつづけ、映画化まで五年の年月を要した。『八重子のハミング』は七年間、映画会社やテレビ局にプレゼンしつづけたが実現せず、結局は自分がプロデューサーになってすべての製作費を、一年かけて集めた。公開に際しての配給から宣伝まで、自分でやっている。宣伝費が潤沢にあるわけではないので、とてもシネコンでは上映してもらえない。単館系の映画館にコツコツ交渉して上映の機会を得ようと頑張ってはいるが、日本での上映形態は格差が広がる一方である。

この格差は、かつて社会にあった雑多な要素がなくなってしまったことの弊害だと感じている。各映画会社に直営館があったころには、映画会社にはしっかり色があった。たとえば不良の気分なら、東映にはヤクザ映画を中心とする男の映画があった。ちょっとHな気分のときは、日活にはポルノっぽい映画があった。しんみりとした映画が観たければ松竹、そこで人情モノに泣かされた。それがいまはシネコン中心の興行である。日本中、どこのシネコンに行っても、プログラムは同じだ。アニメ映画や少女マンガ原作の壁ドン映画、またはベストセラー小説や人気TVドラマの劇場版。すべてが数字に裏づけされた作品群ばかりである。もはや劇場にとって、よい映画とか悪い映画とかいう言葉も区別も存在しない。どれだけ宣伝してもらえるかが勝負なのだ。

一〇年ちょっと前には、まだ直営館の名残りが存在した。『半落ち』（二〇〇四年）は公開週よりも三週目がいちばんの動員を記録した。口コミの影響である。いまはそんなことはありえない。とにかく公開週（それも土・日）の数字によって、次週の上映回数まで決められてしまう。だから、少しでも動員数の下がる率を小さくすることに躍起となる。プロデューサーも動員が安定している企画しか勝負できない。悪循環である。さらに映画興行の補填をレンタルビデオに走ってきたツケが興行にも回っている。公開前の作品をSNSに「レンタル待ち」なんて書かれるたび、ガッカリさせられる。『群青色の、とおり道』（二〇一五年）という小さな映画では、レンタルを止めてみた。一週間レンタル一〇〇円なんてされてしまうと哀しくなるからだ。映画を撮るとき、一〇〇円でレンタルしてもらいたいと思って撮る映画なんてありはしない。大きなスクリーンで観て欲しい。DVDになっても大切に観てくれる方だけに観てもらえればよいと開き直った。それでレンタルを止めた。今日の映画を取り巻く現状では、フランス映画もイタリア映画も観ることができにくくなっている。劇場独特の匂いや色があってもよいはずなのだ。そんななかから新しい才能や作品が現れてこそ、健全だと思えてならない。

一緒に闘ってくれるプロデューサーをいつも探している。監督として撮りたい映画を撮りたいだけなのだ。マスターベーションの作品ではダメなのも、興行（数字）という結果も必要なこともわかっている。『八重子のハミング』はいろんな戦略を考え、山口県先行公開を試みた。すると同時期に公開された大宣伝の日本映画やハリウッド映画より、観客を動員できたのである。全国公開では、また新たな戦略を考えないと、シネコンで公開される大宣伝の作品に埋もれてしまう。が、そこに挑むのも楽しい。大きな組織にいるプロデューサーには、むずかしい挑戦なのかもしれない。けれども、そんな闘いに挑戦しつづけなければ、映画という文化が失われていきそうな気がしてならない。ぼくはフリーランスの、雑草のような監督である。とりあえず、闘いに挑んでいける身軽さだけはありそうだ。

（映画監督）

写真のこと

阿部稔哉

世の中に流通する写真は、フィルム印刷時代も、デジタルウェブ時代も変わらず、「枠のようなもの」の影響が大きいと常々感じてきた。

枠のようなものとは、写真を発表する媒体だったり、発表の方法だったり、写真の見え方や位置づけに関わるさまざまなもの。それぞれの媒体や方法のかたちかもしれない。

流通しやすい枠を見つけたり、つくったりして、意図や意味づけを写真にうまく与え、枠にはめ乗せられれば写真は流通する。流通は経済的な収入に関わる。

当たり前のことだけど、意図や意味がなくても写真は写る。だれが撮っても失敗なく写るようになったカメラで、枠を意識し、意図や意味を与えるのがうまい人たちを、プロと呼ぶのかもしれない。

見ず知らずの土地へ行き、いきなり断りなしにあれこれ撮る。相手が怪訝な表情でぼくを見返すと、ぼくは意味不明なつくり笑みで、とりあえずその場をやり過ごそうとする。

なぜ、こんなことをしているのかと思うことがある。

たぶん撮りたいと思った瞬間は、なにかがそこに現れているような気がするのだ。こちらの企画

2013 年 5 月　山梨県

上にある意図や意味づけとはなんの関係もなく、素の世界が目の前にあるような気がする。そのかたちの分からないものを、なるべくそのまますくいたい。とりあえず意図や意味づけは後からでもいい。

そうして、プロカメラマンの端くれとして、流通にうまく乗せられなかった写真は増えて行く。情けない話ではある。

では、意図や意味をうまく与えられていない写真はよくない写真かというと、そんなことはない。そんな写真を見つめると、世界を静止させる写真の不思議な力に気づかされることがある。

今回これまで発表できなかった写真をここに載せる許しを得た。要するにボツになってしまったものだが、ぼくのなかでは気になっていた写真である。

写真でしか表現できない世界はある。羽ばたくカブトムシの羽を止めたり、最近では高速走行中の新幹線運転手が、両足を運転台に乗っけて乗務する姿が写真にとらえられたりした。

写真というと一瞬の出来事を止める映像を思い浮かべるが、長時間露光によって映し出されたさまざまな風景や事象も、写真でしか表現できない。北極星を中心に夜空の星々に円を描かせることも、写真ならではの世界だ。

とはいえ、もしかして写真の不思議な力とは、たったそれだけ？　たぶん、それだけ。たったそれだけのなかに、一瞬から永遠まで、潜んでいるのが写真の不思議な力かもしれない。

亡くなった叔父が写っている写真をふと見つける。記念写真としてぼくが撮ったものだ。叔父は

2016 年 9 月　首藤康之　舞踏家

2010 年 3 月　東京都

写真のなかで、こちらを見つめて、微笑んでいる。そういう写真を見ていると、写真のもつ力に捕らえられてしまう。

叔父はたしかに目の前で笑っていた。いまはもういない。そして、これからも永遠にいない。

そのような感情を揺さぶる思いは、亡くなった知り合いなどの写真を見たときに顕著に現れるが、基礎に流れているものは、知人の死とはまったく関係のないことかもしれないと思うことがある。

時間を止め、記録できる写真というものと、時間を止められず、記憶を重ねつづける人間という生き物。写真の力とは、一瞬と永遠、はじまりと終わり、生と死のようなものが関わるなにかだと感じることがある。

そんな写真のなかでは、記録と記憶の境界線が溶け出す。

東日本大震災から二週間ほどが過ぎたとき、被災地に住む友人からガソリンが出回りはじめたと連絡があった。震災直後の状況は気になったが、水や食料や燃料は現地で調達する必要が出てくる。現地では貴重なガソリンを、東京から来た〝自称〟カメラマンが、いただいていいものかと気が引けていたのだ。ガソリンが楽に手に入れば、後はなんとかなるだろうと、ところどころアスファルトが破断し、盛り上がったままの東北道を北上した。

津波の被害を受けた街に立った。目の前に広がる、音のない静寂とした瓦礫の風景は、非現実的だった。

それなりの規模の街なのに、人が見当たらない。無人ということだけで、これほど静かになるものだろうかと、目前の現実をうまく摑めないまま、いまはとにかく写真を撮ろうと、カメラを抱えて歩き回った。

このときの機材は、記録を残すことが重要に思え、写真は中判フィルムで撮影していた。デジタルの場合、バックアップを二重三重にとっていたとしても不安は残る。管理者である自分がいなくなっても、仮にハードディスクが海水に浸かっても、データは画像を結ぶだろうか？　不安はつきない。その点フィルムやプリントという実物は、ぼくがいなくても、海水に浸かろうとも、すでに画像としての像がある。最後の砦はそこだろうとフィルムの撮影にしたのだった。

三日目の昼、鉄骨だけになったパチンコ屋が気になり車を停めると、その背後には、津波の水が引かずに残ったままなのか、大きな水溜りに沈んだように見える街があった。信じられないほど静かで、人の出す音がないうえに、風もなかった。水溜りは波紋もなく、鏡のように、水面に破壊された建物を写していた。

三脚を立て暗箱カメラを乗せる。ファインダー上には、普通なら上下左右が逆転した、逆さまの風景が見えるのだが、そのときは水面に映った逆さまの建物が、カメラのなかでさらに逆さまとなり、水面に映る建物が立像となって見えた。微風に水面が揺らめくと、ファインダーのなかで立像として見えている建物も揺らめく。

静かだった。怖いくらい静かだった。そのときふいに、いまこの街の風景を見ている人間は、地

© Toshiya Abe

2011 年 4 月　岩手県

球上で自分一人だけではないだろうか？　という奇妙な感覚に包まれた。実際、あたりを見渡しても、だれもいない。国道沿いだが、先の橋が壊されたため、車は迂回を強いられ、ここまで入ってこないのだ。

見ているのは自分一人だけというのは、不思議な感覚だった。

「被写体に関わらず、すべてのカメラマンは目撃者である」というようなことを唱えていた人がいたな、と思い起こされた。

そうなのだった。凄惨でありながら、静寂に包まれた非現実的な風景のなかに一人でいたためなのか、地球上で目の前の街を目撃しているのは、自分だけではないか？　という思いに包まれたが、この世界で、いまここから見ているのは、いつの時代も、どこの国でも、常に自分一人だけだ。いつでもどこでも、だれであっても、カメラマンであろうと、なかろうと、いまここという経験は、常に一人のものだ。

生き物はいまここしか生きられない。そんな当たり前すぎることに、あらためて気づかされる出来事だった。

写真には、いまここだけが写るのだ。

（カメラマン）

2016年11月　インド　メガラヤ州

めざせブレイクスルー！

鈴木敏朗

煮物を炊いているとアクが浮いてきますね。これを完ぺきに取りのぞくと、料理の仕上がりが平板になることがあります。少々の雑味を感じるからこそ、素材の旨みが渾然一体となり、複雑で深い味わいも生まれるのです。

いまの広告全般を料理にたとえると、この「アクを取りすぎた煮物」に似ているかもしれません。もちろん輝きを放つ広告もあるのですが、総じて可もなく不可もなく、限りなくおとなしい。ワイワイガヤガヤ、どんなメッセージが飛びこんでくるのだろう、そんな雑味のエネルギーというか、出合い頭のワクワク感に欠けているような気がするのです。

なぜだろうと考えてみると、現場ではさまざまな提案はなされているのでしょうが、クライアントのジャッジ基準がどんどん「消去法」になっている。アクの強い表現は、真っ先に外される。それればかりか、少々とんがった表現が、どんどん平らにならされていく。近年、この傾向がますます強まっているように見受けられます。

ユーザーからのクレームをおそれる、ＳＮＳで炎上することをおそれる、そんなプレッシャーがあるからでしょうか。もちろん、差別的な表現や道徳に反する表現は排除されて当然ですが、アクを取りのぞきすぎて、ユーザーにリーチさせるという広告本来の目的を見失った広告が蔓延しているように思えるのです。広告制作はクライアントも制作側もいっしょになって、「いいね、コレいけるね！」と、光るものを抽出し、磨きあげていく作業であって、「消去法」からは決していいクリエイティブは生まれないはずです。

二〇一六年のイグノーベル賞は、「股のぞき」でした。受賞したのは立命館大学の東山篤規教授ら研究者です。股のぞきをすると距離感や大きさが変わり、実際より小さく縮むことを解明したのです。天橋立の股のぞきは明治時代の地方活性化策だったという話もあるほどで、発想の逆転、これ、広告の極意です。

ピカソのキュビスム時代の絵にも、広告制作のヒントがあります。対象を上から見たり、横から見たり、正面から見たり、多面的に同時に把握する驚くべきことをやってのけたわけです。しかも、ピカソのアプローチはそれまでの具象絵画（常識）への挑戦であり、現代美術の新たな潮流をつくりだすことになりました。

発注者（クライアント）を含め、広告制作者がここで学ぶべきことは、訴える商品の姿かたちはひとつではないし、常識的なアプローチに安住しないということです。メディチの石膏があるとすると、どうデッサンすると新しいメディチが表現できるか。光源によってもメディチの表情や陰影は変わってくる。無数にある切り口から、どこに着地させれば輝きを放つか。その判断、その見極め。言葉や理屈ではなく、そこにクライアントさえも気づかなかった、生き生きとした発見（アイデアア）を提示できればいいのです。

武田薬品工業の風邪薬「ベンザエース」のキャッチコピーで、仲畑貴志さんの〈風邪は、社会の迷惑です。〉というコピーがあります。一九八〇年代の広告ですが、これなどは広告発信者が見習わなければならないエッセンスがつまっていると思います。喉にいい、鼻にいい、などと効能を語っているわけではありません。社会から見た風邪を語っているのです。イグノーベル賞の股のぞきと同じ視点です。この広告はその後の「風邪引きさん」の社会対応をたしかに変えてきたと思うし、事実、風邪を引いたらマスクをして電車に乗るのが最低限のマナーといった社会風潮を生みだしました。広告とはここまで仕掛けられる妙味があるということです。

ぼくは、コピーライターという仕事は、「人とモノ・サービスとの間にあらたなバイパスを通す仕事」と考えています。ときにクライアントである企業や組織は、自分たちがつくりだした商品やサービスに絶大な自信をもって世の中に送りだそうとします。綿密なマーケティングのもと、優秀な開発陣ともち前の技術でようやくつくりだしたのだ、売れないわけがない、喜ばれないわけがない、と最初から鼻をふくらませているのです。そこにユーザー目線が決定的に欠落していたり、自分本位の思いこみが入りこんでいることになかなか気づいていただけない。

広告会社はクライアントの意向を受けて、これらの商品やサービスを認知させるため、膨大な広告予算を預かり、日々奮闘するのですが、ただただクライアントに迎合するばかりで、結果、独りよがりの広告を垂れ流している場合が多いのではないか。つまり、お題である商品やサービスに新しいバイパスを通そうというクリエイティブな試みが、最初から放棄されているのです。

カゲが薄くないか

最近の広告を見ていて、どうもコピーライターのカゲが薄いと感じているのはぼくだけでしょうか。おもしろいCMはたくさんあるのですが、キャッチコピーがぐさりと突き刺さってきたり、表現された世界観に圧倒されたりする広告が少なくなっている。人とモノ・サービスとの間にあらたなバイパスを通すというより、既存の道路上をなぞるだけで、一方通行の広告になってはいないか。とくに新聞広告や雑誌広告などのグラフィック表現がCMの焼き直しでしかないのは、グラフィック育ちのぼくとしてはさびしい限りです。

一五秒のスポットCMで表現できる世界観は限られています。地上波を使える企業や組織は、ひと握りの優良企業なのだから、単に売り言葉を連呼するのではなく、人とモノ・サービスとのあらたな出会いを切り口鮮やかに見せてほしい。そして、新聞や雑誌、交通広告などのグラフィックメディアでさらにその世界観を広げてほしい。グラフィックでしか表せない表現があるはずなのです。

また、地上波を使えない企業や組織であっても、グラフィックメディアやウェブを、メディア特性とターゲティングを考えたうえで駆使し、人とモノ・サービスとのあらたな関係をつくりだしていくことは十分に可能です。そのキーマンになるのがコピーライターなのです。

優秀なクライアントの宣伝担当、頭の切れるマーケッターやプランナー、イメージづくりに長けた演出家やデザイナー、映像を切り取るカメラマン、さらに役者・モデル、美術、音声、スタイリスト、ヘアメイクなど、広告づくりにはこのような人たちがチームを組むことになります。そのなかでもっと気を吐いてもらいたいのがコピーライターです。なぜなら、その商品やサービスとユーザーの関係をいちばんクールに俯瞰できるからであり、この広告の表現はなぜこうあらねばならないかを感覚的にも、論理的にも、正確に語ることができるのがコピーライターだからです。

そこにブレイクスルーはあるか

クライアントと打ち合わせをしていて、こちらがプレゼンしている表現に、「なんだかピンとこないなあ」という言い方をする人がけっこういます。こちらとしては（多少プンプンしつつ）ここまで練り上げてきた表現だから、なにがピンとこないのか、具体的に指摘してほしいのですが、無理もないことなのです。クライアントはコミュニケーションテクニックのプロではありません。ぼくらがリードして、なぜこの表現なのかを理詰めで納得してもらわなければならないのです。それでもなお、「ピンとこない」のであれば、クライアントとの信頼関係が構築されていないか、表現の切り口や着地方法がズレていたと思うしかありません。

人とモノ・サービスとの間にあらたなバイパスが通れば、そこにブレイクスルーも見えてきます。モヤモヤしたものを突き抜けて、晴れ晴れとした空が見えてくるような世界観を提示することができるでしょう。

そもそも「広告などほとんど見られていない、読まれない」という前提に立つべきなのですが、おうおうにして広告表現は言いたいことのてんこ盛りになりがちです。それはちがいます。計量にのぞむボクサーのように削ぎ落してゆく。広告には伝えるべき相手に、伝えるべきことを〝秒速〟で伝えて、そのうえで行動を起こしてもらう使命があるのです。広告コミュニケーションには、この〝秒速〟の伝達術を整理構築できる腕前が問われます。

広告を見た人に、「おもしろいかも」「へぇー、そうなんだ！」「買ってみようかな」「好きだなあこの広告」といったレスポンスが生まれて、はじめてその広告は価値を生みだします。クライアントにピンとこさせ、膝を打たせるには、大なり小なりのブレイクスルーがなくてはなりません。

そもそもコピーライターの醍醐味とはなんなのでしょう。それはいまという時代に、志をもった商品なり、サービスなりを仕掛けていく尖兵でいられるということです。その商品やサービスが生まれるまでには、開発者や技術者、工場で働く生産部門の人たち、さらにはマーケティング部門、営業部門など、たくさんの人びとの汗と情熱がこめられています。そのお披露目役を、いわばいちばんおいしいところをぼくらクリエイティブの人間がやれるのです。もちろん、その期待に応えられないようなプロは退場をせまられます。

ある商品やサービスが時代の様相や生活そのものをガラリと変化させるというのはだれもが経験していることです。いまでいえばスマホが典型でしょう。電車のなかで人びとがスマホをいじる風景を、五年前にだれが予想したでしょう。ここまでダイナミックなブレイクスルーでなくても、広告はそれらの最前線に立ち、発信していく役目をつねに担っているのです。

コピーライターの仕事は、キャッチコピーをひねりだすだけではありません。売れる仕掛けをつくること、売れる商品に仕立てること、ネーミングやパッケージ戦略も含め、クライアントや開発者とマーチャンダイジング（商品政策）まで踏み込み、ブレイクスルーに到達させることです。

ぼくの仕事でいうと、ＪＲ東日本の〈地・温泉〉という商品の企画開発と広告宣伝に一から関わったことがありました。発売は十数年前でしたが、いまでも人気商品で、ロングセラーとなっています。この商品のブレイクスルーは、ＪＲ東日本エリアから昔ながらの湯治場を中心に本物の湯ばかりを集め、〈地・温泉〉というブランドを冠して商品化した、マーチャンダイジングそのものの力にありました。地・温泉は「THE ONSEN」であり、唯一無二の温泉という意味をもちます。また、その地に昔から根づいた温泉であり、その地でしか味わえない人や食の出会いがあることをネーミングのバックボーンとしました。いまでも継続して使っているキャッチコピーがこれです。

〈浴びるほどの「地力」を頂こう。〉

このような仕事に携わることができることこそ、まさにコピーライターの醍醐味です。

ぼくらの仕事は、広告予算の多寡ではありません。雑誌のタテ三分の一の短冊広告だって、ブレイクスルーは起こせます。もちろんウェブのバナー広告からでもです。

こうしたブレイクスルーはつねに、たったひとりのアイデアから生まれてくるものなのです。

（コピーライター）

不自由だからこそおもしろい

中村智志

六〇代後半の男が、肺がんと闘っている。

かつては厚かった胸板が心なしか薄くなり、よく通る声もかすれてきた。二〇一四年末ごろから咳や痰が激しくなってきて、翌年七月に、東京の虎の門病院で肺がんのⅣ期（もっとも進行した病期）と確定した。すでに、骨やリンパ節などに転移していた。

一口に肺がんといっても、さまざまな分類があり、治療法も異なる。男は小細胞肺がんというタイプで、喫煙との関連が高い。増殖が速く、脳や臓器などへ転移しやすい。一方で、抗がん剤がよく効く。がん細胞が耐性をもてば、薬を切り替える。

二回目の抗がん剤治療が奏効した二〇一六年六月にはこんなメールが届いた。

〈二人に一人は癌にかかる時代――と言われながら、癌そのものを直視することが少ない、それはまるで安倍政権に対する我々日本人の態度と相似形ではないか、とさえ感じるほどです。「敬して遠ざける」ならまだしも、近視眼的に「知らず感じず追認」している。火の粉となって自分の身に降りかかってきてはじめて、なにかを感じる（かもしれない）。ぼく自身の像でもあります〉

男の名は、平野芳巳《よしみ》という。私の高校時代の国語教師である。独身を貫いた。横浜の鶴見出身で、都立大学（いまの首都大学東京）で中国文学を学んだ。あこがれだった中国航路の船会社で働き、その後、教師となった。高校二年の夏休みの課題図書のひとつは、小田実の『歴史の転換のなかで』。中国の文化大革命を讃えた記述があった（あとの二冊は中根千枝『タテ社会の人間関係』と土居健郎『甘えの構造』）。ふだんの授業でも日高六郎の『戦後思想を考える』や丸山眞男の『日本の思想』、葉山嘉樹の『セメント樽の中の手紙』を教えた。謹慎処分になった息子を心配する母親に「大丈夫ですよ。ぼくなんて、三里塚で逮捕歴があるんですよ」と励ましていた。

一九八五年八月一二日、日本航空１２３便が群馬県上野村の御巣鷹山に墜落したとき、私は大学三年生であった。夏負けで風邪を引き、横になりながらニュースを見ていた。元気になって、中野駅南口の小さなマンションの二階に住んでいた平野先生を、友人二人と訪ねた。

先生は、大鍋にあふれんばかりのおでんを振る舞ってくれた。やがて日航ジャンボ機の話題になり、友人のひとりが聞いた。

「自衛隊の初動捜索に問題はなかったんですかねえ？」

私には意外な質問だった。女子中学生が自衛隊員に抱きかかえられてヘリコプターで救出される映像の印象が強かったからであろうか。ところが先生はこう即答した。

「あったと思う。自衛隊はなぜ、直ちにスクランブルをかけなかったのだろうか。もしも日航機ではなくソ連の戦闘機だったら、迷走がわかった時点ですぐに、スクランブルをかけたはずだ。そうしたら、もっと多くの命を救えただろう」

五二四人乗りのジャンボ機で生存者はわずか四人。事故直後はあちこちで声が聞こえていたという。初動捜索の遅れに対する批判は、たしかに出ていた。事故機には、私が教わらなかった平野先生の同僚も、妊娠中の妻、三歳の息子と一緒に帰省のため乗っていた。

事故から一〇日ほど過ぎた八月二三日付の朝日新聞には、「国籍不明機に対してなら当直管制官は即座に発進を指令できるが、『災害出動』は司令部の命令がいる」とある。自衛隊のレーダーが、緊急事態発生の識別信号を出して飛ぶ日航機を発見したのは、午後六時二五分。茨城県の百里基地を二機の自衛隊機が離陸したのは午後七時一分だった。記事にはほかの原因がいくつか挙げられており、必ずしも平野先生の指摘通りではないかもしれない。

だが、厳密な事実関係とは別に、三〇年以上経っても、この言葉が頭に残っている。

「なぜ」と「もしも」。私はどんな取材でも、この二つを忘れないように心がけてきた。たった二つの問いを立てるだけで、物事の本質のかけらのようなものが仄見えるときがあるからである。

「なぜ、政府は二〇二〇年の五輪を招致しようとしたのだろう。もしも東日本大震災が東京を直撃していたら、東京で五輪を開こうとしただろうか。安倍晋三首相はＩＯＣ総会で、福島第一原発の汚染水漏れについて、『アンダーコントロール』と大見得を切れただろうか」

「なぜアフガニスタンやイラクなど中東における西側諸国による誤爆は、大々的に報じられないのだろう。誤爆が西側諸国で起こっても、小さな扱いなのだろうか」

二〇一五年一一月一三日、パリで同時多発テロが起きた。犠牲者は約一三〇人に上り、連日、大きく報じられた。このときに真っ先に浮かんだのが、誤爆で死亡した一般市民はどのぐらいに上るのだろう、という疑問であり、違和感であった。

がんでもあてはまる。薬価が高いと話題になったオプジーボの使用が国に認められているのは、平野先生とはタイプの異なる非小細胞肺がんなどである（小細胞肺がんでも臨床試験は進んでいる）。オプジーボは、がん細胞を直接叩く従来の抗がん剤とはちがう免疫系の薬であり、非小細胞肺がんのうち、二〜三割にしか効かない。しかし、私が聞いた複数の専門医によれば、効く人は完治している可能性があるという。薬で肺がんが治るとすれば、コペルニクス的転回である。

一人あたり一年間で三五〇〇万円というオプジーボの薬価は、二〇一六年一一月に半額に下げられた（適用は二〇一七年二月。高額医療のため、患者の自己負担は最大でも月に一五万円程度）。しかし、

「もしも闘病する代わりに働いて一七五〇万円以上の価値を生み出せば、薬価の元は取れるのではないだろうか。その金額に届かなくても、社会コスト全体でみれば、薬価がまるまる増えるわけではない」

という気もするのである。大リーグのイチローが肺がんになったらと考えればわかりやすい。オプジーボにつづく免疫系の薬の研究開発も相次ぐ。救える命はさらに増える。そう遠くない将来、人類ががんを克服できる日が来るかもしれない。少なくとも、がんとの共存＝長期生存、は現在以

上に広がるであろう。日本人の三人に一人ががんで亡くなるという。もし人類ががんに勝てるようになったら、人はなにで死んでゆくのだろう。

私は、一九九八年三月に新宿駅西口のホームレスの人たちを描いた『段ボールハウスで見る夢』という本を、草思社から出版した。はじめての著作で、完成した本を編集者から手渡されたときには、静かな興奮が全身を包み込んだ。

執筆中、なにをどう書いていいかもわからなかった私に、担当編集者の藤田博さんから具体的なアドバイスは一切なかった。その代わりに、

「中村さんが、読者を新宿のホームレスの世界にナビゲートするのです。読者を連れて行ってあげる。読み終わったら、その世界についての風景が、少しちがって見える。ノンフィクションというのは、それぐらいがちょうどいい」

どちらかの手のひらをやや斜めに傾けながら、そう語った。

私自身、社会問題として描こうとは考えていなかった。新宿駅西口の地下歩道の柱の裏側を埋めていた段ボールハウスで暮らしているのは、それぞれが味わい深い心豊かな人たちなのではないか。最初は所属していた『週刊朝日』の仕事で仕方なくはじめた取材であったが、彼らに接するうちに、そんな仮説が浮かんできた。

自称元やくざ、東大卒のおじいさん、ミャンマー人、ゲイとノンケのカップル、非正規一筋で来

た四〇代男性、殺人犯とその彼女、日付と曜日の特別な記憶力に長けている女装好きの男……。実にさまざまな人と出会った。

元バーテンダーでゲイのジローさんと一緒に、彼らが呼ぶところのえさ取りに歌舞伎町を回ると、残飯を取ったあとに、「ありがとうよ、今日もいろいろ取れて。ごめんね、いつも汚して」とお礼をしては、ごみ袋をきれいに戻していた。雑居ビルのごみ置き場では、ほとんど空のウイスキーやワインのボトルを逆さまにして、一滴一滴、持参したワンカップの空き容器にためていた。ジローさんは宮城県志津川町の出身で、チラシの裏などに故郷を思う詩を書いていた。出会ってから一年半後の一九九五年暮れ、病死した。内臓が快復できないほどに悪化していたという。

二年後の一九九七年一一月末、私は、志津川町の実家に住む姉の家を訪れた。一家はジローさんが帰ってきてもいいように、部屋を用意していたという。姉は、三陸の海が望めるジローさんの墓にも案内してくれた。「寿命だったんですよ」と語り、私は少し肩の荷が下りた。それから何年かは、正月に、いかにも東北の田舎で漬けた感じの酸っぱい手づくり梅干しが届いた。

そして二〇一一年三月一一日。実家は津波で流された。連絡がつかない日がつづき、その年の年末、私はボランティアツアーの一員として現地を訪れた。志津川町は合併して南三陸町となっていた。若い女性職員が避難を呼びかけるアナウンスをしていて津波に遭ったことで知られる、赤さびた鉄骨の三階建ての防災対策庁舎が残っている。

ホテルで借りた自転車で走り回ったものの、記憶はおぼろげで、家の場所はわからない。何軒か訪ね歩くうちに、消息を知っている初老の男性と会えて、その晩、電話連絡を取ってくれた。一家は隣の登米市に移り住んでいた。全員の無事を確認できたが、姉は後に、脳梗塞かなにかで体が不自由になった……。

私はジローさんと親しくなれて、故郷の姉や都内で暮らす別の姉とも縁が生まれた。それは、私が取材者としてすぐれていたからではない。たまたま相性が合ったからであろう。ノンフィクションにおける人と人とのつながりは、こんなふうに、なにかの縁に導かれるように転がってゆく。はじめから作品の構図があり、そこに登場人物をあてはめていくわけではない。

二〇〇八年三月に、『大いなる看取り』(新潮社)という本を出版した。東京の日雇い労働者の街・山谷《さんや》のドヤ街にある、行き場のない人たちのホスピス「きぼうのいえ」に四年近く通ってまとめたルポである。

当初は、新宿でホームレスの生き様を中心に見てきたのなら、山谷でホームレスの死を見据えよう、という気持ちであった。だが、「きぼうのいえ」に入居していた人は、路上生活の経験者ばかりではなかった。商社マン、板前、主婦、ジャズマン、男装のバーテンダー、大工、社長、本人の語りと役所の書類がちがう元少年すり……社会の縮図といってよかった。

共通しているのは、家族ではなく、他人に看取られること。逝く人と送る人の間に適度な距離感が保たれているので、湿っぽくなりすぎない。送る側の人が、大切な人の死期が近いことを認められず、逝く人が最後のメッセージを伝える機会を逸してしまう。一般社会でしばしば起こる〝悲劇〟

はない。いくつかの死に触れていくと、こんな旅立ちも悪くないな、と思えてきた。

少子高齢化がさらに進めば、孫子に囲まれて大往生、などというのは恵まれた一部の人にしか許されず、他人に送られる人が増えるであろう。私は「きぼうのいえ」に通ううちに、東京の片隅の小さなホスピスが日々実践しているのは、実は、壮大な実験のように思えてきた。近未来の日本各地で出現するであろう光景の先取り、とでもいおうか。山谷のドヤ街自体、日雇い労働者の多くが高齢で働けなくなり、生活保護者の街へと変わりつつある。一部のドヤは外国人旅行者の宿と化している。「きぼうのいえ」施設長の山本雅基さんの見立てのように、東京の限界集落化や将来像を先取りしているのかもしれない。

幸いなことに、拙著は山田洋次監督の目にとまり、映画『おとうと』のクライマックスの場面の参考にしてくださった。映画では大阪・西成区にある「みどりのいえ」となっており、きぼうのいえの住人も何人かエキストラ出演している。

明日の天気を尋ねる。あるいは、一年後の株価を予測してもらう。そうした内容なら、だれが取材しても大差はないだろう。しかし、人物を描くとなれば、だれが聞くかが分かれ目になってくる。

ノンフィクションはおそらく、取材相手と書き手の協同作業である。書き手の発する波長次第で、たとえ文字面では同じ問いでも、答えがちがってくる。問いの立て方や会話の流れ方、並んで歩くときや喫茶店で向き合うときの間合いなど、すべてが個と個のぶつかり合いであり、それらの集積によって作品が紡がれてゆく。

もしもそこにかろうじて使命感があるとすれば、私の場合は、「自分が書かなければ、決して歴史に浮かび上がることがない人物を書き留めておきたい」ということであろうか。

拙著を読んでくれた人からしばしば、「よく話が聞けたね?」と聞かれる。言外に、「ホームレスや行き場のない人たちが相手では、聞くのが大変でしょ」という意味が込められている。たしかに、声をかけてもけんもほろろにされたり、話している途中で突然機嫌を損ねられたりしたことは、少なくない。一方で、その気にさせるための特別なスキルのようなものはない。私が接してきた人は、自らの物語を発露する場を与えられてこなかった人たちなのだ。だから、波長さえ合えば、水を得た魚のように語りだす。

「こいつは俺の話を真剣に聞きたがっている」と思ってもらえる。真剣さが伝われば、たいていの人は胸襟を開くだろう。

ノンフィクションの表現は、小説ほど自在にはいかない。ある場面で「彼女は星空を仰いだ」と書きたくても、星空を見上げたという事実がなければ、あるいはそういう証言を聞き出せなければ、書けない。

しかし私は、その制約が嫌いではない。むしろ、この不自由さにこそ、ノンフィクションの醍醐味や可能性があるのだと思う。星空を仰いだことを確認できなくても、星がまたたく寒空のもとを一時間歩きつづけたことがわかれば、それと同等の気持ちを匂わせられる。「悲しい」と言ってくれなくても、相手のしぐさから内面を浮かび上がらせることもできるだろう。文章はときに、多少、ごつごつとする。むしろ、あまりにきれいに流れすぎるノンフィクションは危険だとさえ思う。

書店のノンフィクションのコーナーは、狭くなるか、より目立たない場所に移るか、という流れにあるように見える。講談社の『月刊現代』など、ノンフィクションに門戸を開いてきた雑誌は、ここ十数年で次々と消えた。取材に手間暇がかかる割には売れない。ノンフィクションは、金銭的には「労多くして功少なし」であり、書き手にとっても、出版社にとっても、手を出しにくい世界になってきた。

だが、本当に尻すぼみなのだろうか。

人工知能が囲碁の名人を破る時代である。幾多の名人の棋譜を覚え込ませることで、コンピューターは賢く、強くなってゆく。ビッグデータとその解析は、コンピューターが得意とするところであろう。アイデアの源泉が人間の脳である以上、たとえば古今東西のミステリーを入力すれば、とてつもないトリックを生み出せるかもしれない。芸術の分野は、決して聖域ではないだろう。

ひるがえってノンフィクションは、自己の内部では完結できない。

「きぼうのいえ」を取材していたときに、中国戦線で戦い、シベリア抑留を経験した人と会った。戦後は、恐怖を感じないためにヒロポンを打って東京タワーの建築工事に携わり失明したという。彼が、こんな話をしていた。

——戦場で敵の銃弾が聞こえているときは塹壕に隠れる。なにをしているかと言えば、酒保（兵営内の売店）で買った飴をなめながら、のんびりと攻撃が止むのを待っている。

——シベリアでは、シベリア鉄道の枕木にする樹木の伐採が重労働だった。ノルマは一日に二本。一本切り倒すと、ロシア兵がチェックして切り口に印を付ける。兵が去ったころを見計らって、印のある切り口からほんの少し内側を切る。すると、新しい切り口ができる。やがてもう一度来たロシア兵は、先ほどと同じ樹木と気づかずに印を付けていく。

——「きぼうのいえ」の施設長と喧嘩をした。今度はとっちめてやるために、毎朝、力士のてっぽうのように、壁に向かって突っ張りの練習をしている……。

気難しかったものの興が乗ればたっぷり話してくれる人だった。二〇一五年の暮れ、九〇代で亡くなった。

二〇一四年秋に刊行した『あなたを自殺させない』（新潮社）の取材では、被災した岩手県釜石市や大槌町などを繰り返し訪ねた。震災から三年が過ぎたころ、釜石市の仮設住宅で暮らす六〇代半ばの男性がこうぼやいた。

「いまごろになってむなしくなってさ、トラウマが出てきたのさ。津波の映像を見るのが嫌なんだ。テレビでは死んだ人を拝む映像がたくさん出てくるわけさ。まかり間違えば俺が拝まれていたかもしれないって思うと、ぞっとしてさ。震災直後の生活っていうのは、いまに比べればほんとに楽しかった。金もないし、食料もないけど、避難所の人のお世話をしたり。釜石、いまはなにもない」

アラスカで大時化にあっても平然としていたという元船乗りで、震災直後はおびえる孫を励ましていた。「生きる力が強い」タイプの人でさえ、こんな言葉が出てくる。時が経つほど薄れるどころか生々しくなる。津波の傷跡の底知れぬ深さを感じさせられた。

あるとき、旧満州から引き揚げてきた当時五歳の男性からこんな話を聞いた。母と弟妹二人の逃避行の際中に母親を亡くした。開拓団の人たちに守ってもらい、三人とも帰国できた。

――途中で、何人かの母親が泣きながら子どもを置いていく場面を見た。私はお母さんが死んでしまい、とても悲しいけれどもラッキーだった。なぜなら、自分を置いていく親がいなかったから。

男性は、一九八〇年代に中国残留孤児の肉親捜しがはじまったときに、ニュースを見てすべてを理解したという。

脳内では決して浮かばない言葉や事実に出会える。そこから、人間の営みや時代の底流に眠る声が届いてくる。

平野先生からは、朝日新聞社に内定が決まったあとで、「記者の仕事の真髄はルポだ」とも教えられた。この原稿を書くにあたり、メールを送ると、こんな返信が届いた。

〈メールありがとう。体調はOK牧場！　先日、柴田翔の長編小説『地蔵千年、花百年』を読了、今スウェーデンの作家・バックマンの『幸せなひとりぼっち』をニヤニヤしてめくってます。

なつかしい！　そんなこと、あったんだなぁー。が、偉そうな顔して言ったにちがいない自分を思い起こすと嫌悪感も……。

身体はいたって健康です。（六日に丸山ワクチンを取りに日本医科大を訪れたところ、先生に「癌

患者とはとても見えない」とほめられました）

蛇足‥

明けぬ朝
なんとまだ夜
のんきな自分
（11／21　抗がん剤投与の晩に）

ロースカツ定
ソースをわざと
かけすぎて
（12／6　一年半ぶりに）〉

最初にお見舞いに訪れたとき、先生は「がんはしょっぱいものと脂っぽいものが好物なんだ」と言って、夕食の唐揚げを残していた。糖質も大敵といわれる。それなのに、ロースカツにソースをたっぷりかける。一見破れかぶれな行為には、だからこそ「生」への情熱がみなぎっている。想像力など軽々と飛び越えてしまう。やっぱり人間は奥深い。私は意を強くした。

（ノンフィクションライター／朝日新聞社メディアラボ）

記事の核と真実

大澤悠

取材

記者としての初任地は、岐阜県高山市にある高山支局だった。二〇一〇年一二月、ＪＲ高山駅を降りると、空は曇り、がらんとしていた。高い建物がない。「なんにもないところだな」というのが第一印象だった。町からは、長野県境に連なる北アルプスが見えた。はじめての取材は、地元の理容師が、老人ホームの入居者の髪を切るボランティア活動だった。取材場所の老人ホームに行くため、まったく知らない土地で、ペーパードライバーが車を走らせる。そして人生ではじめて会う人に、「なぜ理容師になったのか」「なぜこんな活動をはじめたのか」など、挨拶もそこそこに話を伺う。理容師は五〇代か六〇代の女性だった。なんで活動をはじめたのかは忘れてしまった。記憶に残っているのは、取材ノートを閉めて、雑談しているとき、「親の介護をしている」と話す女性の表情である。笑っているわけでも、泣いているわけでもない。少し苦しそうな、そんな顔で目線を落とし、介護の話をしていた。内容は覚えていない。ただ、ボランティアの話より、そちらの話が女性の「核」なのではないか、と思ったのを覚えている。ボランティア活動は表面的なもので、その行動をさせているのは、女性にある「核」の部分にちがいない。

「この核を書いたほうがいいのでは」

そんな思いが頭をよぎるも、「話を聞く受け皿が自分にはあるだろうか」「聞いて書き切れるのだろうか」「五時までに帰って記事を出さなくちゃいけない」と考え、聞き出せない。結局、女性の核心部には踏み込めないまま、老人ホームを後にした。次の日、高山市を含む飛騨地方の地方版「飛騨版」に三〇行ほどの記事が載った。現場で気づいた「核」には触れていない。

記者が取材でやることは相手の「本音」を引き出すことだと思っている。その本音は「核」だったり、「真実」だったり、ケースにより言葉は変わる。本音を引き出すためになにをするのか。どんな記者だったら、本当のことを言ってもらえるのか。相手に信頼され、心を開いてもらうにはどうすればいいのか。新聞社に入り、先輩を見ていると、それぞれのスタイルがあるように思える。初対面の人にも冗談から入り、警戒を解いていく記者。核心部をストレートに突く記者。相手が話したくなるように仕向ける記者。入社当時、ベテラン記者が「記者が一〇〇人いれば一〇〇通りの取材方法がある」と言っていたが、なるほど取材の手順が決まっているわけではない。

本音を聞けなかったケースで思い出すのは、ある事件被害者の遺族の取材である。山間部に死体遺棄された女性の両親に話を聞きに行った。雪深い谷間にある木造の家を訪ねると、父親と思われる小柄な男性が出てきた。話はしてくれたが、「核」と思われる部分にはまったくたどりつけない。雲を摑むような取材で、父親が本当のところはなにを思っていたのか、まったくわからなかった。

取材をして壁を感じることもある。東日本大震災の被災地から、東海地方へ避難した人たちにアンケートを取りに回ったときだ。インターホンを鳴らして趣旨を伝えると、快く受け入れてくれる人もいれば、出てこない人もいた。ある家族は、家に上げてくれ、当時の様子を詳細に話してくれた。「あなたは体験してないから、言ってもわからないでしょ」

最後に放たれた一言に、入社二年目の記者はなにも言い返せなかった。体験した人の言葉を、していない人にわかるように届けるのが記者の仕事だと言えなかったのである。「体験していなければ書く資格がない」。そう言われたような気がしていた。いま考えると、あの家族は、「あなたは体験した人たちの気持ちを理解しようとしていない」と言いたかったのかもしれない。「今日までにアンケートを集めなければ」とばかり気を取られていたのが、相手に伝わったのだとあとになって気づいた。

体験できないことを体験した人から聞いて記事にするのも仕事だが、できなかった体験をあらゆる手段で補うのも取材の一環になる。三〇〇〇メートル級の山々が連なる北アルプスを抱える飛騨地方は、とにかく遭難が多い。交通死亡事故より遭難で亡くなる人のほうが多かった。高山支局へ来た当初、町から見える山は全部同じに見えた。地元の人が「あれは笠ヶ岳、あっちは穂高……」と教えてくれても、まったく判別がつかない。遭難の発生を伝える警察発表文で、「西穂高岳のピラミッドピーク付近」と書かれていても、ちんぷんかんぷん。遭難が起きると救助にあたる、高山署や飛騨署、下呂署の署員でつくる岐阜県警山岳警備隊飛騨方面隊の人たちの仕事も知りたい。遭難はできないが、山には登れる。初心者でも登れる山を警備隊員に教えてもらい、山登りをはじめてみた。当時は警察署を担当していたこともあり、「山に登ったことがないのに遭難の記事を書く」というのが、なんとなく釈然としなかったのだ。警備隊の人たちに認めてもらいたい気持ちもあり、道具一式をそろえ、登った。山岳警備隊のパトロールについて行くと、過去に遭難があった場所やなだれが起きやすい箇所、山小屋の裏話など、地上では聞けないであろう話を教えてもらえた。警備隊の訓練も見学した。山を登りだした当初は、「いつか警備隊の企画を書きたい」との思惑もあったが、山を知れば知るほど、企画から遠ざかっていった。そんな簡単に書けるものではないのだ。山についていく時間が増えるにつれ、書く難しさを実感した。

「取材をしすぎると書けなくなる」

あるデスクに、そう言われたことがある。記者として「取材を尽くす」のは当然だが、しすぎると書けなくなる。矛盾しているようだが、的を射ている。あまりに取材にかける時間が長いので、デスクから「本でも出すつもりか」と嫌みを言われたこともある。新聞記者は新聞記事を書くために取材をしている。作家ではない。限られた時間のなかで結果を出さなくてはいけないので、どこかで折り合いをつける必要が出てくる。

地方版の記事は最たるものである。日曜日と祝日以外は毎日ある「飛騨版」と「飛騨総版」の記事の締め切りに追われる日々だ。二ページで記事一二〜一四本ほどになり、四〜五人の記者が記事を書く。限られた時間でどこまで書けるか。「二〇行（二〇〇字）ほどの記事だろう」と考えて取材に行くと、おもしろい話が出てきて八〇行になったり、「せっかくよい話なので社会面で使ってほしい」と考え、より広域の読者に届くこともある。日々締め切りに戦々恐々としているが、かといって時間をかければ必ずよい記事が書けるとも限らない。記者一年目のとき、二〇年選手の記者に言われた言葉を、ことあるごとに思い返している。

「一年かければ取材相手から特ダネが引けるとは限らない。一時間でも引ける記者は引ける」

時間をかけて信頼を得るのもひとつの方法だが、必ずしもそれが通用するわけではない。やはり記者が一〇〇人いれば、一〇〇通りの取材方法があるのだ。

新聞

いま電車で新聞を読んでいる人は、ほとんど見かけない。電車に乗るたび、さりげなく車内を見回すが、みんなスマートフォンばかり見ている。たまにスポーツ新聞を読んでいるおじさんがいるとほっとする。みんなニュースをどうやって見ているのだろうか。二〇代、三〇代の友人に聞くと、やはり「ネット」と答える。紙の新聞は読まない。ただ、ネットニュースは新聞社が配信しているものが多い。私としては、媒体は紙ではなくなるかもしれないが、記者の役割というものは、人類がつづく限り残る職業のひとつではないかと考えている。人工知能に取って代わられるとしても、記者という職業は最終段階だろうと高をくくっている。ＡＩに人間の心の機微がわかる日がやってくるのだろうか。

ネットと新聞のちがいを考えたとき、よく言われるのは信頼の度合いである。高山支局にいたとき、新聞の地方版には必ず記事に署名が入っていた。似顔絵つきコラムもあり、なんとなく記者の雰囲気がわかるようになっている。記事が地方版に載っていないと、読者から「昨日は休みか」と記者に電話がかかってくる。地方記者のおきまりエピソードである。だれが書いたかを提示することで、読者の信用を得ているのはたしかだろう。新たに転勤してきた記者の署名記事が載ると、「新しい記者が来たのか」と問い合わせてくる、熱心な読者もいる。記事のなかで、取材相手の名前、年齢、住所、職業を入れることで記事の信用度が増すように、書いた記者の署名を入れることで、記者も記事により責任をもつようになる。もちろん、ネットでも出所のはっきりしている記事は信頼できると思う。ただし、あまりに情報が多いので、信頼できるかどうかを精査する必要はある。

会社のネームバリューも、取材相手や読者の信頼を得る大きな要因になっている。東海地方でシェアナンバー1というだけあり、「中日新聞」というだけで歓迎されることが多い（不祥事や事件事故の取材でなければ、ではある）。駆け出しのころは、「中日さんだから」と言われてネタをもらうのが悔しく、「会社の名前を使わずにネタを取れるようになってやる」と、誓ったこともあった。逆に中日が出ていないエリアに行くと、別の新聞社と勘違いされたり、不審に思われる場合がある。その点を考えれば、新聞社に所属しているというだけで、取材対象に会うハードルはぐんと下がる。もし自分がフリーランスだったらと考えると、二〇代の名もない女性が有名企業に連絡し、「取材のため社長に会わせてほしい」と言ったところで、よほど弁が立たない限りは会えないだろう。それでいまはネームバリューだろうとなんだろうと、使えるものは使うとの考え方に変わった。

全国レベルのニュースはすぐにネットで配信されるものの、「地方でこんなことがあった」「こんな取り組みをはじめた」という話は、よっぽどのことでない限り、すぐには載らない。しかし、地方で取材をしていると、「いつも地方版から読む」という読者の声をよく聞く。地方の住人にとっては地元のニュースがいちばんの知りたいことであり、それを知るには地方紙を読むのが手っ取り早い、ということだ。私の母は岩手県の出身だが、実家ではやはり全国紙ではなく、地元の新聞を取っている。だれしも物理的に距離の近い物事への関心のほうが、自然と高まるのだろう。ひとつのエリアに特化した地方紙はいまの時代、全国紙より需要があるのではないだろうか。

新聞というメディアを考えると、ルポや検証記事に重きを置く流れになってくるのではないかとも思う。個人的にはストレートニュースは通信社に任せ、新聞社は調査報道に徹するという具合に、役割分担をはっきりさせたらいいのではないかと、入社当時は思っていた。実際にはそう簡単なものではなく、取材している過程で大きなニュースが出てきたり、連動して連載をやったりというなかで、きれいに分けるのはなかなかむずかしい。

「新聞に載っていることはすべて正しいのか」

ちょっと意地悪なことを聞かれることがある。必ずしもそうとはいえないだろう。日々の新聞には、一人ひとりの記者が取ってきた記事が載る。ひとつの出来事でも、記者の感性でとらえ方が変わってくる。右側の側面だけ見ている記者もいれば、底辺を取り上げる記者もいる。とらえ方、書き方で読み手への伝わり方も変わる。それでも新聞は、ある事象や物事に読者の関心を引かせる入り口なのである。「政府予算で防衛費が五兆円超え」という記事を読んで「なんでそんなにかかるの？」と疑問に思ったら、そこから自分でネットで調べるなり、本を読むなりして掘り下げていけばいい。こうしてすべてのメディアにつながる導入部が、新聞なのではないだろうか。

地方

高山市の知り合いの田んぼで、人生ではじめて田植えをした。地元の小学生が田植えをするから、一緒に参加しないかと誘われた。小学生に田植えを教えるのは、知り合いの父親で、長年日差しを浴びた顔は日に焼け、深いしわが刻まれている。節くれ立った手から苗をもらうとき、ピンク色のネイルをした自分の手が恥ずかしかった。東京にいるときは、農家がどのように稲を育てているかなど想像もしていなかった。お金を払えばなんでも手に入る。この父親のような人たちがお米をつくってくれているとは、みじんも考えていなかった。

東京を離れて六年。飛騨では、電力を使わないで生活をしている家族や、自分たちで家を建てて暮らす夫婦と出会った。大手企業を辞めて地域資源を活かした観光に取り組む男性や、大手旅行会社を辞めてゲストハウスで働く女性もいた。東京では出会うことのなかった生き方や考え方に触れた。「おもしろい」と思ったことを記事にできるのは、地方を回る記者ならではの醍醐味だと思っている。東京から遠く離れた地から、どんなニュースが飛び出すのか。アンテナを張っている。

（新聞記者）

写真に写るもの

大津茂巳

二〇一六年の師走近く、そのときは突然訪れた。

「会社を辞めてもらいたい。理由は言わなくても、わかるはずだ」

社長はそう言うと、自分でつくってきた退職届を差し出した。無機質な文字が並んでいた。突然の解雇通告に慌てつつ、ぼくは差し出された紙に判を押す。自分でも怖いくらい、事務的に反応していた。これでそれまでぼくの撮影してきたさまざまな写真たちは、会社に帰属しているとの理屈で、すべて取り上げられた。著作権はぼくにではなく、会社にあった。そのうえ、その日のうちに社宅から出された。仕事ばかりか、生活していく環境まで取り上げられ、ぼくの「社カメ（会社員のカメラマン）」人生は終った。

途方に暮れたぼくは、混乱した頭のなかに、これからの不安と人間不信を一緒くたにしたまま、下りの列車に飛び乗り、東京を後にした。

会社での撮影は、指示にしたがい、可もなく不可もない写真を淡々とつくりだす。会社のスタジオで婚活のお見合い写真、結婚式場でウェディング写真などを撮っていた。写真を撮るというルーティンワークの代価としてサラリーが渡され、安定した生活を得る。しかし、その代価もまた、大

きなものだった。休みも不確定なまま働きつづける日々のなか、ときとして膨大に増える残業時間。自分の時間がまったくもてないフラストレーションが、いつしか自分のうちにあるクリエイティブな部分を壊していった。

そんな日々を過ごすある雨上がりの夜明け、路上に自転車が倒れていた。それ見て、何気なくカメラを向ける。ファインダー越しに見えているはずの自転車が、自分の姿に重なった。ぼくはただ、仕事というペダルを毎日こぎつづけているだけなのだ。ぼくが動きをやめたとき、この自転車と同じように、こうして路上に放置される、無機質な塊となるだろう。シャッターを切りながら、「このままでいいのか」と自分に問いかけていた。

ルーティンワークの撮影に、少しでも疑問をもった瞬間、会社との等価交換は成立しなくなる。会社員とは異議を唱えることのできない存在なのだ。一連の作業は決まったことであり、そこにはぼくの写真に関する思想や哲学など必要ない。すべては会社の利益のための写真であり、その撮影行為が利益をもたらさなければ、叱責を受ける。当然だ。それが会社だ。しかし、撮れば撮るほど疑心暗鬼となり、与えられてこなす撮影にうんざりしてくる。いつしか会社に嫌悪感を抱き、サボタージュ的な態度が出てくる。会社との関係がぎくしゃくして、上司との会話は自ずと減る。サラリーマン失格だ。

そんなぼくが解雇されるのはあたりまえなのだろう。社長に泣きつき、思い止まってもらうこともできたのかもしれない。しかし、どうしても、その気にはなれなかった。来るべきときが来たのだと、開き直っていた。かっこうよくいえば、自分にとって写真とはなにかをしっかり考える時期が来たということなのだが、失業者として不景気な世の中に放りだされたことに変わりはない。デジタルの時代になって、「写真なんてだれでも撮れる」と社会が考えはじめ、仕事を失う写真家が周囲にたくさんいた。ぼくもそのひとりになった。そのときぼくは五一歳になっていた。

師走の喧噪のなか、気づくとぼくは京都にいた。子どものころ、住んだ街だった。ここでぼくははじめて自分のカメラを手に入れた。中学生のときだ。狙っていたニコンFMを親に買ってもらった。小型の一眼レフ機を手にしながら、京都で写真を撮って回った。そんな街に足が向いたのは、写真とのファーストコンタクトをとった地で、これからの写真との向き合い方を考えたいと、心のどこかで思っていたからにちがいない。

失業者となったぼくには、幸か不幸か、ありあまるほどの時間がある。明日のことを考えると気が滅入ったが、うまく使えばこの先の生き方を考える大切な時間になる。とはいえ、写真を撮ろうにも、手元に自分のカメラがなかった。写真家なのにおかしな話だが、機材もすべて会社に依存していた。情けないことに、写真のことを考えながら、ただぶらぶらするしかなかった。幸い、一台だけ、シグマのカメラが残っていた。ずいぶん癖のあるカメラで、仕事ではなかなか使いにくい。ただ鮮鋭な写真を生むとの噂を聞き、自分の作品づくりを考えるために借りていた。不安を抱きつつ、解雇を前向きに受け取るため、このカメラを手にした。自分と写真との新たな関係をつくりだしてくれるかもしれない。漠然と期待していた。

駅前で、一軒の古い床屋さんに目をとめた。昔ながらの赤・青・白のサインポールが、くるくる回っている。屋号の看板はなかった。この床屋さんはいつからここに存在し、どんな人が髪を切っているのだろう。素朴な興味が沸いてくる。気分転換に髪でも切ろうかと思い立ち、店に吸い込まれていった。

古い扉を開けた。待合室の椅子に、白髪の親父さんが腰掛けていた。年のころ、七〇歳くらいだろうか。

「いらっしゃいませ」

親父さんの横には奥さんが座り、二人の前には石油ストーブのヤカンから白い水蒸気が沸いている。床屋さんの独特な椅子におろおろして座ると、目の前に古い鏡が三枚、タイル張りの壁に並んでいた。そして、たくさんの賞状が額装されて飾られている。親父さんの歴史にちがいない。

「どのようにしますか?」

こんなおじいさんに髪型をどう説明したらいいのだろうか、一抹の不安が頭をよぎる。そんなとき、二階から階段を下りる足音がした。降りてきたのは、マスクをした女性だった。お二人の娘さんだろうか。目に愛嬌があるのが印象的だった。年齢はぼくと同じくらいに思えた。いや、もっと若い。切ってくれるのが彼女だと知り、正直、ホッとした。散髪のあいだ、その娘さんと世間話をした。人と会話を楽しむなんて、すっかり忘れていた。もうずいぶん長い時間、だれとも言葉を交

わしていない気がしていた。

隣の席では親父さんが日本剃刀で尼さんの剃髪をしている。ここでは普通の光景なのだろうが、ぼくにとっては非日常的で、ただただ驚かされた。たわいもない会話に、現実離れした空間。これで写欲が湧かないはずがない。親子を撮影したいとの欲望が、ぼくのなかでどんどん高まってくる。

それなのに、親子を撮影するまで、ずいぶん長い時間がかかった。撮影のために髪を切るのではなく、親子の日常にお邪魔して、撮ってみたいと思ったからだ。そうしてはじめて、写真は写真になるのではないか。親子の時間まで写すことで、写真はようやく生きてくる。いつしかぼくはこの床屋の常連客となり、季節が冬から春に変わったとき、やっと一枚、撮影できた。そこでぼくはマスクをはずした娘さんの顔を拝んだ。

京都で過ごす、ゆったりとした時間のなか、〝社カメ〟とはちがう、新たな写真とのつきあい方が漠然と見えてきた。ぼくは東京に戻る決心をした。このまま失業者としてこの地にとどまり、写真をやめて腐っていても仕方がない。なんとかフリーランスとして再起したいと考えたのである。

東京に戻ったある日、古い友人からメッセージが届いた。やりとりするのは久しぶりだ。

「プラプラしているのなら、俺の仕事、手伝わないか」

願ったり叶ったりである。写真が撮りたいとの気持ちだけでは、食ってはいけない。友人とは二〇年ほど前、ぼくが学校の卒業アルバムを制作する会社で働いていたときに知り合った。ぼくはチームリーダーだった。そのチームを手伝ってくれていたフリーのカメラマンが彼である。そのころはかなり尖っていて、写真の腕はいいけれど、チームでの仕事には手を焼いた。

再会した彼は、三〇校以上の保育園や小学校と取引する、写真事務所の経営者になっていた。気性は相変わらずだが、写真を取り巻く環境には、雲泥の差ができていた。一緒に仕事をしていたころを振り返るととても考えられないが、これが現実だ。学校写真の世界に舞い戻ってみると、これがなかなかむずかしい。友人から厳しい指摘を受けては、気持ちがへこむ。

「子どものいい写真があれば、親は必ず購入してくれる。うまいカメラマンとは、一人でも多くの親が購入してくれる写真を撮れる奴だ」

いい写真を撮りたいなどと甘く考えたぼくは、あたりまえの現実を前に、考えを新たにしなくてはならなかった。

暑い夏の日、保育園の乳児クラスを撮影した。零歳、一歳、それに二歳の子どもが、水遊びをしていた。水を張ったタライがベランダに並べられ、そのまわりに小さなバケツや水鉄砲などのオモチャが置いてある。子どもたちはタライのなかに入ったり、色水をつくって遊んでいた。

ぼくは乳児の目線で、水遊びの様子を撮ろうと、必死にカメラを構えた。でも、その場にいるだけでは、子どもたちは見向きもしてくれない。そんななか保育士が水をかけると、みんな楽しげで、大騒ぎになった。いい表情を撮るには、子どもと一緒に遊ばないとダメなんだと気づき、すかさず水しぶきのなかに飛び込んでみた。水の掛け合いを楽しんでいるうち、だんだんファインダーに笑顔が溢れ出てくる。ぼくは夢中になって表情を追いかけていた。すると突然、目の前が水色になった。なにが起こったのかと思ったら、頭から水色の色水が大量に注がれている。振り向けば、バケツを手に、無邪気に笑う男の子が立っていた。

五〇の手習いとはよく言ったもので、この年になってまた一から撮影の勉強をするとは思ってもいなかった。子どもと一緒になって過ごしながら、成長の記録を撮るのは楽しかった。子どもたちを撮ることに没頭しながら、ようやく自分の思う写真が撮れる気がしてきた。

部屋を片付けていたら、撮影から編集まで一人で手がけた、高校の卒業アルバムが押し入れから出てきた。一九九九年と二〇〇〇年につくった二冊だ。片付けの手を止め、ページをおもむろにめくった。一五年ほど前、自分で撮った高校生たちの写真が記録されている。写真を見ながら、がむしゃらだった日々を思い出していた。会社の若い連中と競い合って、少しでもいい写真を撮ろうと必死だった。無限にシャッターが押せるデジカメとはちがい、フィルム一本、三六コマしか撮影できない。フィルムが巻けなくなるたびに巻き戻し、交換する。フィルム代と現像代を気にしながら、一枚一枚、きちんと撮ろうとした。しかも、現像されるまで、まちがいなく撮れたかどうかはわからず、上がってくるまでドキドキした。それでもアルバムには生き生きした表情の学生が、たくさん記録されている。笑顔の向こうに、学校生活が見えてくる。

カメラマンとしての仕事をはじめたのはバブル絶頂期だった。広告写真の世界は一カット、数

十万円にもなるのがざらで、腕のよい写真家は、こぞって自分のスタジオを構えた。そんななか、学校写真はギャラが安く、写真家のなかではとても低く見下されていた。

ぼくの師匠であり、ライバルであった先輩カメラマンの言った言葉が忘れられない。

「パンフレットや広告のカメラマンは一流と言うが、できた印刷物は広告媒体であり、役目が終われば捨てられる写真だぞ。卒業アルバムに載っている写真は、子どもの記録として、みんなが一生もちつづける写真なんだ」

アルバムに写る、自分の撮影してきた写真たちを見て、改めて亡き先輩の言葉を噛みしめていた。

上野公園で大道芸のスナップを、何気なく撮っていた。足下で、赤いパーカーを着た男の子がぼくのことを見上げている。いまの東京に、青っ洟を垂らした男の子がいるのだと感心し、まじまじとその子を見た。それでもなお、その子はぼくを見ている。

「ああ、この子はぼくに写真を撮ってもらいたいんだ」

そう思った瞬間、この子を撮らなければならないと感じ、手にしたシグマのシャッターを押していた。そして、撮った写真はこの子の記録であるとともに、ぼくと被写体との出会いでもある。そこにこそ、ぼくが写し取ったなにかはある。

（写真家）

2

©Shigemi Otsu

「みずうみ」をめぐって

いしいしんじ

活字がディスプレイ上のドットに変わろうが、書物が薄っぺらいアルミの機器に変わろうが、書くほうとしては、どうということもありません。ノートをひらき、文字を書きつけるところから、あらゆる物語ははじまります。ノートの字をタイピングで打ち直すのが、はじめのうちは面倒だったけれど、打ち直しの段階で、小説からわずかに浮かびあがった語句を削れることがわかり、一種のルーティンとして苦にならなくなりました。あとは、書いていく、書いていく、書いていく。

終わりが近づけば、小説のほうから、そろそろ終わりだと気配で知らせてくれる。文字で書かれた表面の、ストーリー展開がそう、というより、その下に息づく「うねり」「起伏」「勾配」「のびちぢみ」といったほうが重要です。ストーリー上の問題が、すべて解決したわけではないけれど、小説としてはここで終わりたい。終わろうとしている、そこで一行空け、「終わり」「了」と書きつける。

ストーリーを考え、構成していくというよりは、小説自体が進みたい方向、向かいたい深度がどこなのか、耳を澄ませてききとる、というほうが実感に近い。ことばは僕にとって、闇の洞窟を照らすサーチライトとして働きます。壁面が湾曲しはじめる、そんな気配が感じられたなら、やんわりと曲がり、どこにも抜け道がつづいていなそうなら、しばらくそのあたりにとどまっています。気がつけば、洞窟内のどこかから、風が寄せてきて前髪を揺らす。そちらにサーチライトをむけてみると、いつのまにかひとりでに、小説の進む口がちゃんとひらいています。

羊飼い、牛飼い、に似ているかもしれない。僕はどちらも実経験がなく、適当なことしか書けませんが。

羊飼いはたぶん、一頭いっとうずつの羊に目を配りつつ、群れ全体のかたち、流れ、勢いをととのえていきます。たとえば、何頭かの気がひどく荒れていても、群れ全体の流れのなかで、すべてがうまくおさまり、牧草地まで無事あがっていく場合があるでしょう。また逆に、羊たちの気分はおだやかなはずなのに、全体の集散がふだんどおりにいかず、群れ内部のテンションが異様にあがり、羊が荒ぶりだすケースもあるでしょう。

一頭ずつに号令をかけ、ときには鞭を鳴らしながらも、羊飼いは自分のしぐさひとつで、群れ全体がどのように動くか、ぬかりなく見ています。いちいち頭数など数えなくても、一瞥のうちに、群れの状況がすべてつかめてしまう。羊たちは、落ち着き、荒ぶり、笑い、嘆き、頭数を増やし、減らし、ひとかたまりになって、牧草地から牧草地へと、長い旅をつづけていきます。羊飼いは、淡々と仕事をこなしながら、群れを、群れが進みたがる方向へ運んでいく。終着地がどこだか、羊飼いは知りません。むろん羊たちも知らない。群れだけが知っています。羊飼いはそう信じている。羊飼いの仕事はだから群れを信じることにほかならない。

信じながら、羊飼いはたまに、終着地の情景を夢想するときがあるでしょう。これまで、いくつもの群れを、はじめから終わりまで、運び終えたことのある羊飼いは、終着地についたときの安堵、つづけてやってくる歓喜、ひとにぎりの寂しさについて、少なからず知っています。それは、自分がつくりだすのではなく、向こうから与えられるものです。長い、それぞれまったくちがう道程を経てきながら、疲弊しきった足、ノイズにあふれた耳、闇に沈みそうな瞳でしか、最終的には感知できない機微があることも、羊飼いは知っています。休まず、毎日、先へ先へ足をのばさなくてはならない。とまっていては、羊飼いと群れとのあいだに、対話はなりたたないのですから。

旅のあいだに、羊飼いと群れには、予想もしえない、さまざまなことがまきおこります。谷間に吹き荒れる風、突然の豪雨。群れをはみだした子羊が雷に打たれ即死。伝染病。夜になれば狼の遠吠えが響き、朝がくると群れの何頭かが姿を消している。土地は足下から崩れ、かとおもえば最高の牧草が真上から降りそそぎ、あたらしい元気な羊たちがつぎつぎと群れに飛びこんでくる。

ほぼ同じことが、小説を書いているときにも起きます。猫がキーボードの上で踊り狂ったり、ペットボトルのふたが外れかばんのノートがずぶ濡れになったり。家の外壁に軽自動車がつっこんできたことがあります。畑の段差で足をくじいたかとおもったら足首が折れていました。猛烈な寒さ。

ゆであがりそうな蒸し暑さ。知人の口から発したなにげないひとことが、いつのまにか、小説のなかにはいりこんでいたり。

こういうことがありました。

日本の中央部に位置する山間の地方都市、松本に住んでいたころの話。あまり知られていませんが、標高が高い盆地である松本市は、北海道をのぞく日本国内で、もっとも気温の下がる地帯です。電熱線のスイッチを入れ忘れると翌朝には水道管が破裂し、明け方のバスルームではプラスティックの椅子と石けん箱それにスポンジがすべて一枚の氷のなかに「じゅんさい」のように凍りついています。

引っ越して一年目、毎朝ぶるぶる震えながら、文芸誌ではじめた連載の原稿を書いていました。それまでの長編は書き下ろしばかりで、これがはじめての雑誌連載でした。とはいえ、いつも通り、あらかじめストーリーは決めずに書きすすめていきます。スタートの前、編集長と話し、タイトルは「みずうみ」、全体の章立てを三つに分けること、このふたつだけは決めていました。タイトルがないと目次に載せられませんからね。

まずは第一章。冒頭から、どこか山深くの森にある「みずうみ」が、物語の舞台としてあらわれました。みずうみの畔には村があり、ひとびとは、魚を釣ったり木工細工を作ったりして生計をたてています。主人公は「水くみ」役の少年で、兄はうまれてこのかたずっと、家に隣接した「眠り小屋」で、すやすやと眠りつづけています。月に一回、みずうみの水は森にあふれだします。水底から、さまざまなものが浮上し、岸辺へと漂着します。古い家具、事務用品、彫像、おもちゃ、楽器などなど。村人は漂着物を拾って、町なかへ売りに出たりします。みずうみの水があふれる日、小屋で眠りつづける兄の口からも、コポリ、コポリ、と水があふれだし、同時に、はじまりもおわりもない物語が、兄の声で語られます。

村に商人がやってくることでリズムがかわり、やがて、村人は村を捨て、外へ去っていきます。語り手の少年はひとり「鯉の皮の服」を身につけて、水のなかにはいってきます。みずうみの底に穴が空いて、水はどんどんなくなっていきます。最後には、みずうみの水、それに水底にたまった物品ごと、少年は穴に吸いこまれ、消えてしまいます。

へんな話だなあ、とふりかえっておもいます。書いているあいだは大まじめです。「眠り小屋」とか「月に一度水があふれだすみずうみ」とか「鯉の皮の服」とか、書いているうち、それこそ漂着物のように僕の意識に浮かびあがり、それを僕はことばですくいあげる。ともかく、このようにして第一章は終わりました。はてさて、二章はどこへいくだろう。季節は一月、真冬になっていました。僕はある朝座敷で掃除機をかけていました。病院へいっていた家内が帰ってきました。振りかえると顔が真っ黒い穴になっていました。僕はあっと思い、そのことばを言わせてはならない、とおもいました。家内はそのことばをいいました。家内のなかの五ヶ月の胎児が亡くなっていました。

その夜から入院です。僕は、着替えや洗濯物、飲み物、読み物などを抱え、自宅と病院を日に何往復も、何往復もしました。運転免許をもっていないのでタクシーを使って。精神的に、とかじゃなく、物理的に、小説を書くのはしばらく無理でした。退院した家内の体調が戻ると、僕たちは暖かいところ、果物と音楽があふれている楽園のような場所にいこう、と話し、そのようにしました。カストロがまだ顔をみせていたころのキューバへ旅したのです。

五月、キューバから帰った僕は、ようやく「みずうみ」の第二章を書きはじめました。舞台は、国は不明だけれどわりと大きな都市、主人公は革ジャンパーを着た大柄なタクシー運転手です。無口で仕事熱心な男ですが、かれの乗務には奇妙な特徴があります。一日のうち、うしろに乗せる何十人ものお客の大半が、同じ目的地へ行くよう、彼に指示します。ある日は美術館、またほかの日は塔の建つ広場、あるいは鉄道の駅。くりかえし、くりかえし、くりかえし。もうずっとこんなことばかりなので、運転手はふしぎに思いませんし、同僚もなんともいいません。

運転手は月に一度、売春宿にでかけます。性交はいつもバスタブで。オーガズムに達すると男は大量の液体をコポリコポリと垂れ流し、女は驚愕し、液体で満たされていくバスタブを見つめる。

古雑誌と古新聞をもってかえってきては、運転手はそこから、「誕生」の記事と「死」の記事を便せんに抜き書きし、「きょう、こんなことがあった」と添えて、ふるさとにいる「いもうと」に郵送します。ふるさとがどこなのか、いもうとが実在するのかどうか、なにも語られません。

第二章が終わりに近づくにつれ、僕の頭に、第三章の書き出しの一文が浮かび、ネオンサインのようにちりちりと明滅をはじめました。僕は驚き、そのことを書くのか、と息をのみました。そのことを、この俺は書くのか、と。第二章が終わり、そうして第三章が、次の一文ではじまりました。

ボニーの父はボストンで気象番組のキャスターをしている。園子の父は、田端にある繊維会社の代表者である。(『みずうみ』より)

園子とは、僕の家内の名。ボニーとは、僕の小説のアメリカでの翻訳者かつ友人の名です。園子のなかには胎児がいます。連れ合いの慎二は、僕と同じ名前で、ふたりはいま松本に住んでいます。僕は淡々と、松本の野山を歩きまわる歩調で、物語を進めていきました。自分がどの一点に進みつつあるのかわかっていましたが、進みをやめるわけにはいきませんでした。群れは、そちらを目指しているのだから。

やがてその一点がみえてきました。目をつむって駆けぬけるわけには、むろんいきませんでした。目を大きく見開き、深く息をつきながら、一歩一歩、僕は歩きました。小説とともに。ことばで闇を照らしながら。

慎二さん、慎二さん、とまた園子はいった。

慎二は、掃除機を捨てて歩きだした。もうすぐ園子がいうことが、自分にはわかっていると思った。その言葉をいわせてはならないと思った。雀脅しの鉄砲がドオンとすぐそばで鳴る。この状態で、ひとりで自動車を運転してきたのか、と慎二は思った。園子のからだがばらばらにこぼれるのが見えた。慎二のからだもばらばらにこぼれていく。まき散ったからだの破片が風に舞いあがる。

園子はその言葉をいった。慎二は園子の背中に手をまわした。ふたりは光の差しこむ畳の上に倒れ込みくるくると回った。(『みずうみ』より)

第一章を書きだした時点で、家内はまだ妊娠すらしていなかった。それなのに、第一章の、月に一度水をあふれさせるみずうみ、最後には穴が空き、すべてが流れていってしまうみずうみを、小説は、まるで先まわりするかのように、あらかじめ、僕の目の前に差し出していました。

第二章のタクシー運転手がいったいなにをやっているのか、小説が第三章まで終わり、単行本として出版され、さらに文庫化されたあとも、僕にとっては大きな謎でした。先日ひさしぶりに松本を訪ね、タクシーに乗ったとき、あ、とからだの底が震え、足ががくがくと揺れました。これか、これだったのか、と。毎日同じ目的地にいくタクシーとは、僕が、入院中の家内を見舞い、家へといろいろ持ち帰った、丸の内病院と自宅とを往復するタクシーのことにちがいない。そして、この僕自身、小説が書けないあいだ、手を動かす運動だとおもい、世界中のネット新聞、ニューヨーク・タイムズ、ル・モンド、ほかの些末なニュースサイトから、「笑えるニュース」を原文のままノートに抜き書きしていたことも、そのときになって思いだしました。

小説を書くとは、ふしぎな行為です。「羊の群れ」は、僕よりもはるか遠くを見通していたり、僕の目のとどかない僕の姿を、はっきりととらえていたりします。僕が小説を書くのでなく、僕が小説に書かれていく、そんな実感さえもっています。

『みずうみ』まで、僕の長編には、まともな固有名詞、年号、日付が、いっさい出てきませんでした。登場人物はいつもあだ名か職業名で呼ばれ、どこの国で、なんの時代に起きた物語なのか、明示されることはいっさいなく、だからこそ寓話的であるとか、ファンタジーなどと呼ばれていたのですが、僕は別になんの狙いもなく、ただ、そうしていただけにすぎません。

ところが『みずうみ』は、二章の途中から、年号、日付、固有名詞のパレードとなります。タクシー運転手が「いもうと」に送る手紙のなかには、ブルターニュ、ボストン、ギリシアと、地名が頻出し、三章では、ボニー、ダニエル、園子に慎二と、人名だらけになっていきます。ダニエルはキューバで「鯉の皮の服」を着た、目に見えない男の子に出会い、ボニーは極寒のニューヨークを猫を追って歩きまわります。園子と慎二のふたりはしょっちゅうカレンダーを見つめ、タクシー運転手はお客に、たえずききます。「今日は、何月、何日だ？」と。

僕の小説にはじめて出てきた地名は「ナミビア」。タクシー運転手が新聞から、このように抜き書きしてくれました。

5月27日、人気のある痩せた映画女優（30）が、滞在先のナミビアというところで女児をひとり産んだ。父親は同じく、人気のある男優（44）だった。女優は初産で、帝王切開手術を受けた。男優はそばにいた。（『みずうみ』より）

女優はアンジェリーナ・ジョリー、俳優はブラッド・ピット。人名をだしていないのは、及び腰だったのか、ナミビア、の地名だけに集中したかったのか。まだまだわからないことだらけです。冬の松本から目にみえない場所へ、五ヶ月で遠のいていったみずうみの子に、僕は、よほど名前をつけてあげたかったのかもしれません。

了

（小説家）

こだわることに飽きちゃった。

加藤麻司

この十数年の、時代の空気感を占めてきた言葉に「オンリーワン」があると思う。厳密にいうと、「オンリーワン」という言葉を「自分らしさ」または「自分たちらしさ」として感じとる人が増えた。時代の空気感というのは、コピーライターが言葉を発想するときの骨格のひとつにする、社会全体の意識みたいなもの。ボクたちは、言葉が時代のナマものであるという考え方が大好きで、心のなかでちょっと誇りをもっていたりする。漠然とした観察眼ではあるけれど、言葉の嗅覚みたいなものがボクたちコピーライターの生命線でもある。

では、時代の空気感を実際のコピーにどう活かすか。安直に、いろんな単語とくっつけて企画コンセプトをつくる。飲食業界なら、オンリーワンのレストラン、コーヒーチェーン。旅行業界なら、オンリーワンの旅、国、ホテル。メーカーなら、オンリーワンの工場、部品、プロジェクトチーム。まあ、なんでもござれ。生き方、人生、暮らし、友情みたいな単語にもペタペタとくっつければ企画ができあがる。

手抜きのようだけど、広告のコピーにとって意味は後づけでもかまわなくて、言葉を眺めたひとが直感でなにを感じるか、感情の振れ幅のほうが重視される。「オンリーワン」が流行してから十数年、最初のころは、新鮮でキラキラした言葉のように表現された。やがて、いろんな場面で使われはじめると流行り言葉こそが時流だと考える人も多く、なるほどと頷いてもらえたりもした。

後半戦になってくると、このままではありきたりだから、すこしハズしましょうということになる。「オンリーワンの◯◯になりましょう」。企画にそんな意味の言葉を書けばヒットを狙えた。コピーライターの名誉のために補足すれば、もちろんペタペタと言葉をはりつけただけでは場外ホームランは打てなくて、新しい言葉を発見しなければいけないときもある。それでも、時代の主流を占めている空気感のことを忘れて言葉は書けない。

コピーを書く、テクニックの話をしたいわけではない。コピーライターが時代の意識をつくってきたという気負いもない。

ただ、テレビや新聞、雑誌、電車のなか、インターネットなど、さまざまな場面で広告に触れているうちに、広告表現の裏側にある心理みたいなものに社会が感染してしまうことはあると思う。まあ、そこに責任や罪悪感をもちながら、広告屋は広告をつくってきたのだけれど。

ちなみに「オンリーワン」のまえは、「心の豊かさ」の時代が長くつづいていた。駆け出しのコピーライターだった時代、「物質的な豊かさよりも心の豊かさが大切」みたいな感覚をどんな言葉で言い換えようか、一所懸命に頭をひねっていた記憶がある。戦後はモノがなかった（らしい）けれど、いまはモノが増えた。そのかわりに精神的な豊かさを失った。

広告の言葉は、社会にそう語りかけながら、この商品やサービスを購入すると、ほらこんなに幸せな心の豊かさが手に入りますよと訴えつづけた。

いまの時代からみると皮肉っぽい話に感じるかもしれないけれど、広告が語る「心の豊かさ」が嘘ではないことを証明するために、メーカーは技術革新と品質向上に真面目にとりくんだし、バイヤーは世界中から好奇心を刺激するものをセレクトして日本に紹介しつづけた。その過程のなかで、粗悪なもの、不潔なもの、腐るもの、危ないもの、快適でないもの……が、消えていった。


品質の高い商品やサービスがいっぱい増え、簡単に手に入るようになると、なにを買っても「心の豊かさ」に大差がなくなった。つまり、「心の豊かさ」を売り文句にしてモノが売れなくなった。

そこで主役の座をとったのが「オンリーワン」だった。いろいろなモノやサービスが用意されて、「どれも似ているけれど、どれにしようかな」と選ぶ時代では、ほかとのちがいを語ることが重要だった。こうして「オンリーワン」が市民権を得ていった。この言葉は、新しい経済活動を産み出すのにとても都合がよかった。

「私たちの商品は、オンリーワンです。他の商品とはここがちがいます」

「オンリーワンの自分を探してみませんか。そのためにはあなたらしさを表現できる商品を選びましょう」

こんな具合に、自分らしさ、あなたらしさを賞讃する言葉が発信されていった。ここでいう自分らしさとは、ほかとはちがうことを前提にしているので、大量生産された商品や画一的なサービスのままではモノが売れない。

企業は、それまでの生産や流通の体制を猛スピードで変革し、多種少量生産のしくみをつくっていった。市場には、ほかとはちょっとずつちがういろんな商品が生まれ、買う場所や時間などの選択の幅も広がった。この服を着ることが、私らしさ。このお店で、コーヒーを飲むことが私らしさ。この街を歩いている自分が好き。そんな言葉が広告にあふれるようになった。

デザインやクォリティを気にする人が増え、商品もお店も街もなにもかもがお洒落になっていった。洗練という言葉を使ってもいいと思う。友だちに紹介するのが恥ずかしいくらいに、ダサいファッションをした彼氏はいなくなったし、保存料いっぱいの食べ物もなくなった。マナーの悪い人も、街中のゴミも減った。海外の星つきのレストランで修行した料理人がいる店も近所にできた。ワンちゃんのケアをしてくれるプロも、ネットですぐ調べられる時代になった。マーケットが細分化されたおかげで、こだわりのスペシャリストがあちこちで生まれた。

価格破壊といわれる業態も生まれたが、激安の世界でのスペシャリストとして、安いものを選択することも「自分らしさ」のなかに取り込まれていった。曖昧なもの、なにかのこだわりに属していないものは忘れさられ、そのかわり小さな世界でたくさんの一流が生まれた。

お金があってもなくても、「自分らしさ」を表現するのは素敵なこと、という時代は長くつづいてきた。しかし、ここにきて時代の空気観が変わりはじめていることを感じる。

美味しいけれど、清潔だけど、かっこいいけど、安心・安全だけど、なんか窮屈な感じがする。日常が洗練されたものばかりになってしまって変化がない。企業がつくったもののなかから、「自分らしさ」を選択するのは飽きちゃった、疲れちゃった。そんな感覚をもつ人の数が増えてきた。そしてモノが売れなくなった。

企業は、ここ数年、「モノよりコト」という、体験を通して商品を販売する、ファンになってもらうという手法を積極的にとりいれはじめている。おそらく採算はあっていないだろう。たとえば、イベント会場で野菜を収穫する、野球教室にプロの選手がやってきて指導するなど、いままでは体験できなかった特別なイベントをしかけている。しかし、ひとの好奇心や刺激はそうそう長くはつづかないし、企業としても飽きられない新しいコトを次々につくりだしていくのは労力のかかることだ。ライバル企業が似たコトをはじめてしまえば、効果が薄まってしまう。特別なコトを開催しつづけても、ひとのこころをつなぎとめておけないかもしれない。

品質やデザインや価格にこだわることに疲れちゃった。ちょっと、ほっておいてよ、自分のことは自分で決めるから、そんな気分が勢力を増してきている。

これからの時代の空気感を見つけるヒントは、「日常」のなかにあると思う。性能やクォリティを追求する過程で失った「日常」を取り戻したい。そんな表現が広告のなかで少しずつ使われるようになった。

これ以上便利にならなくてもいいし、高性能にならなくてもいい。そもそもかけっこは、速く走ることがいちばんの目的だったっけ。最高級の食材を食べさせる寿司屋ばかりでも疲れるし、安くて美味しい寿司屋だけでもつまらない。もっと大切なものがあるんじゃないか。そんな意見がアイデア会議の席で出るようになった。

速く走るためのスクール、スポーツシューズ、トレーニングコース……。競技会を目指す陸上部ならいいかもしれないが、速いことがすばらしいと目的を限定してしまうことはいいのだろうか。公園や緑地を整備すれば快適になるかもしれないが、走る場所や時間を限定してしまうことにつながらないのだろうか。

最高級のネタ、握り、リーズナブルで行列のできるチェーン店……。お寿司って、いつからそんな特別なものになったのだろう。高いとか、安いとか、そのどちらでもなくて、どこの商店街にも数軒あった寿司屋のような、夕方になると近所のおじさんが一杯飲んでいる光景のほうが幸せを感じられるのではないだろうか。

かけっこができる路地、商店街の寿司屋がすばらしいといっているわけではない。技術や技能を磨くことを否定しているわけでもない。かけっことか、キャッチボールとか、床屋とか、寿司屋とか、ケーキ屋とか、もともと普段の生活の近くにあったものは、日常のまま楽しめるようにしておくほうが気楽だし、買う側も売る側も自然体でいられる。街も、自然も、人とのつながりも、そういう「日常」を守っていくことに人びとはお金を使いたいと考えているのではないか。そこに持続可能なマーケットがあるのではないか。

文化は「日常」にある、という人がいるけれど、「日常」というキーワードのなかで、時代の言葉を探していったらどうだろう。そういう企画書が通っていくことに期待と楽しさを感じている。

たくさんモノをつくらない、売らない社会。これまで失ってきた「日常」と新しいこととの折り合いをつけていく時代。モノを売ろうとする企業にとってはなかなか大変な未来が待っている。コピーライターという仕事もなくなっているかもしれない。

それでも、いま、準備しておくべきことは、現存している「日常」を体験しておくことだと思う。急がなければならない。洗練の波をかぶっていない景色や時間はどんどん消えている。失われてきた「日常」とはなにか。現地に出かけ、その場の空気を感じ、会話して、体験して、記憶しておかなければならない。

時代が大きく動いたときに、自分が書くコピーの言葉に、温度や湿度や空気感をもたせたい。コピーを書くためという思考で観察していないと、コピーライターには未来のことが見えてこない。

（コピーライター）

現代が美術に要請するもの　活動と工作物の可能性

アライ＝ヒロユキ

自らはなんであるのか、あるいはだれであるのか。現代社会では、人はみなこの問いかけと関わりがある。それは表現と呼ばれる奇妙な性格をもつ「工作物」でも同じだろう。そのなかで、この問いがもっとも切実、必須なのは美術だ。

美術は工芸、あるいはデザインと隣接する。その境界は曖昧だが、有用性がひとつの指標となる。数百万円もする茶碗に飲食用途の使用価値はほぼないが、飲食などの生活体験のなかに招じ入れることで、その美の価値が了解される。この用の美から隔絶したところに美術はある。

だがここでいう、自らがなんであるかというアイデンティティは、使用価値や交換価値にもとづいた分類と、また別のものを意味する。草創期の美術批評の巨人にフランスの詩人シャルル・ボードレールがいる。彼が提唱した概念にモデルニテ（近代性、現代性）がある。これは美術を理解するうえでも重要だ。

「現代性とは、一時的なもの、うつろいやすいもの、偶発的なもので、これが芸術の半分をなし、他の半分が、永遠なもの、不変なものなのである。

われわれの独創性のほとんど大部分は、時代がわれわれの感覚するところに刻みつける、刻印からくるのだから」(「現代生活の画家」『ボードレール全集Ⅳ』所収、阿部良雄訳、人文書院)

ここから二つのことが読み取れる。現代性とは「うつろい」に関わるもの。そして、それは時の堆積の重みと混じり合い、価値を生むことである。

このありようは私たちが住む社会に似ているが(アレゴリー)、ボードレールは芸術をいわば覗き窓にたとえ、そこからの透視で時代を見据えようとした。この現代という時代をよりよく体現する表現が芸術だ。それは、私たちがなんであるかを教えてくれる存在にほかならない。

美術ほど、この現代であることにこだわる表現はない。ファインアートという言葉がある。コンテンポラリーアートという言葉もある。ファインアートとは現代であることに、より自覚的な表現のことを指し、コンテンポラリーアートはそのなかでも、より先鋭的なものに冠せられる。見た目はほぼ同じような絵画、写真でも、その表面を透過して見える情景には決定的に異なるものがあり、差別化されて扱われたりする。

また美術は、同じ芸術の小説や演劇などに比べて表現内容、支持体(素材)の制約が少ない。いわば融通無碍《ゆうずうむげ》な幽霊のような存在と言えるが、そこには明確な法則性がある。時代思潮の反映だ。いわば器である社会や時代に応じて、その姿を変えるのだ。

いま美術はかつてない多彩な表現を擁している。実験的な作品に交じって、一見昔ながらの具象絵画がオークションで九億円の値で落札されるかと思えば、公開制作での不特定の観客の参加で完成される作品もあり、作家自身は一点も制作せず、既存の作品の展示構成による表現もある。ここでは素材による表現技法（平面、立体、映像……）ではなく、むしろつくり手とはだれであり、作品がなにに帰属するか。表現の様態に注目したい。

作家が純然たる個人であるのは自明に思える。だが、作品がつくり手を主張しない匿名性、あるいは職人や集団制作による非作家性のほうが洋の東西を問わず、歴史は長かった。つくり手が個人であることと、個人の表現であることは異なる。後者は主体ではなく、内容のフォーマットに関わる。美術が純然たる個人の表現となったのは、近代からといっても差し支えない。単に制作側の視点だけでなく、鑑賞者の視点からもこれを整理してみたい。ここで再びボードレールに登場してもらおう。

「批評は、正確であるためには、いいかえれば、その存在理由を持つためには、偏ったものであり、情熱的で、政治的なものでなければならない。いいかえれば、排他的な観点に立ってはいるが、最も広い視界を開く観点に立ってなされなければならないのである」（「一八四六年のサロン」『ボードレール全集Ⅳ』所収、本城格、山村嘉巳訳、人文書院）

ここにあるのは、芸術を個人的な体験として重視し、掘り下げ、その整理と再構築が批評だとする姿勢である。具体的には「線に対する好みと色彩に対する好み」で、いわば趣味性が芸術体験の核となる。彼はこのことを総括して「個人主義」という言葉を用いている。

ボードレールは民主主義を嫌った貴族主義だったが、彼の個人主義なる言葉には資本主義、市民社会の価値観が色濃く染みついている。経済的条件という下部構造から見れば、タブローという作品形態は貴族ではなく市民という購買層を抜きに語れない。

彼がもっとも称揚した画家は、ロマン主義のウジェーヌ・ドラクロワだった。彼以前の線描による輪郭がもたらす調性は、整然と構築された宇宙論、世界を律する法則性を感じさせるが、色面とストロークがかもし出すドラクロワの「動」はあくまでも一過性の現象の場であり、ドラマを示唆する。そこには個人の体験というものが刻印されている。

これを踏まえるなら、個人の趣味、体験、嗜好、感性を明らかにし、その交換から美術批評、ひいては美術鑑賞は出発するといえる。その結果、崇高な宗教体験や気高い公共性は希薄になるだろう。一方で、美術はいまに至るも大衆文化にはない公的な地位、名声を誇っている。それは個人的な体験に根ざす趣味の交換が特権性、階級性をもつからにほかならない。その体験も大衆歌謡のような生の露呈でなく、教養が介在する。

近代絵画が選良による市民社会を体現するものであり、それは庶民にとって憧れとともに反発を生む。美術館が同じ啓蒙性をもちながらも図書館とは異なる縁遠さを感じさせる理由である。

ここで整理すると、近代になって美術は個人の表現になった。喜怒哀楽の感情、主観、思想、世界観、信仰、主義。人生をどう生きて、世界をどうとらえ、社会にどう働きかけるのか。個人たる鑑賞者にも十分に感じられるフォーマットとなった。

作品も建築（のレリーフ）から等身大の彫刻、人が抱えられるほどの絵画が主流となった。巨大スケールが連想させる氏族や共同体ではなく、家族や個人という存在の鏡となるにふさわしい大きさになったのである。

この変化はつまるところ、美術が盛られた器が個人というものを軸に動く「社会」となったことをあらわす。宗教社会では絶対なる神の僕《しもべ》であり、王国では神聖なる王の臣下であり、そこでは大きな紐帯のなかで人びとは生きることができた。だが近代では人はそれぞれ均質化された小単位であり、個人の完結した人生を生きる存在となった。そうした群衆が集まり、分子運動のように影響しあう領域が生まれた。それが「社会」である。

美術は社会という器に見合う個人表現になった。ロマン主義、印象派、ダダイズム。さまざまな表現様式は、社会のなかで自己主張する個人にふさわしい性格を具えている。それは集団性を備える音楽や演劇に比べると文芸に似て、より個人性の強い表現でもある。

この個人というものが、特権的な絶対性をもっていた期間はさほど長くない。それは先に述べた社会が絶対的な存在感と有無をいわさぬ働きかけをもって、個人と国家、世界を侵蝕しはじめたからだ。戦争や紛争、経済的危機、政治的混乱に人びとは翻弄され、多くの血も流された。そこにときおり潜む悪意は孤高で超然としたものではなく、官僚的な無臭をはらんだ曖昧さがあり、「悪の凡庸さ」とも呼ばれる。顔をもつ個人は、寄り集まることで匿名性の群衆となったのだ。

匿名性の時代の美術表現でもっとも注意すべきなのは、制作の最終目的である成果物、作品という物理的存在の重み（アウラ）の軽減である。これは大きく分けて、三つの方向性にわかれる。

まず作品が物理的存在でありつづけながらも、複製、既製品、発注依頼品に置き換わることだ。具体的な例をあげるなら、複製は版画もそうだが、より手作業を抹消した写真が該当する。既製品は、マルセル・デュシャンが匿名で公募展に出品した便器の《泉》が有名だ。発注依頼品については大がかりな立体作品のかなりがこれに属すものの、制作工程への作家の監修はほぼ必須だ。ここでは手の作業の比重は軽減され、むしろ手の作業は工芸に属するものとして扱われる。

二つめは、制作の過程に意味を見出す立場だ。まず制作過程そのものに、美的意味を付与するもの。これはパフォーマンスやプロジェクトの表現が該当する。もうひとつは、社会性へと拡張するもので、ヨーゼフ・ボイスの社会彫刻、あるいは最近のアート・アクティヴィズムがある。

三つめは、純然たる作家の制作による成果物（工作物）だが、表現の背景にある価値観、思想、コンセプトの提示に意味があり、物理的存在にさほど価値を置かないものがある。ポップアートはその例のひとつだ。アンディ・ウォーホルの作品は、多くが単なるシルクスクリーンの複製物ではなく、油彩の加筆など手が加えられたものだが、資本主義の大量消費社会のよりよい鏡であることに意味がある。逆説的だが物質的価値が低ければ、作品の価値を生むのは意味づけられた文脈、情報になり、天文学的な値がつく投機的な機能をもつことにもなる。現代アートの市場はこの原理で動いているが、社会という器によって、変化どころか鏡となる機能はとくに重要だ。

こうした美術の変化は、表現における情報の比重の高さをもたらしている。もともと美術は洋の東西を問わず、約束事の多いジャンルだが、昨今は各種思想・哲学の援用、概念操作、美術史の参照が必須となっている。


こうした美術の変化は、業界外の一般の人にとってわかりにくさを感じさせ、縁遠いものとなっている。「なぜこれがアートなの?」というよく見られる問いかけはその代表だが、ここには「これがアートでいいのか」という懐疑が根底にある。それが表面化しないのは、一般の側の専門知識の欠如、専門家による知的武装（粉飾）の特権性によるところが大きい。

美術の変貌はいくつもの論点で語ることができるが、本論ではひとつに絞って今後の可能性、展望を探ってみたい。それは制作物から制作過程（表現行為）に重要性が移行したことである。それは投機商品として世俗性にまみれた美術作品からアウラが消失することでもある。

ボードレールは複製表現である写真を忌避していた。その理由にはひとかけらの根拠がある。


「この瞬間から、汚れた社会はこぞって、ただ一人のナルキッソスのように、金属の上に写し出された自分の卑小な姿を眺めるようになった。

民主的をもって任ずるどこかの文士が、これこそ民衆の間に歴史と絵画に対する悪趣味を安上りに拡める手段だと考えたにちがいない。そしてそれによって彼は、神聖なる絵画と崇高なる俳優の芸術とをともに侮辱するという二重の冒涜を犯しているのである」(「一八五九年のサロン」『ボードレール全集IV』所収、高階秀爾訳、人文書院)

写真について述べた箇所だが、ベンヤミンならアウラが失われたというであろう。制作物には唯一性があり、また呪物性もある。物質には聖性が宿るが、すべてが人の頭脳の産物でしかない概念はそれ以上のものではない。

聖性の欠如とともに、ボードレールが嫌ったのはハードルが低いところに生まれる卑俗性である。平準化された社会はどこまでも平坦で、起伏は見られない。ハレの日はなくケのみがある。本来芸術は非日常であるがゆえに、宗教と社会的な役割が近似することもある。美術が現代において宗教の役割を果たすと述べたのはクリスチャン・ボルタンスキーだ。

行動や行為が美術表現になると考えたとき、欠かすことのできない存在がヨーゼフ・ボイスである。彼の「人間はだれでも芸術家である」は広く知られている。

これは一人ひとりが平等の権利をもつ民主主義社会にとてもなじむ言葉として尊重され、美術においては一人ひとりの自発性と創造性を前提とする現代の公共性と接合する役割を果たしている。ボイスは自身の言葉の体現するものとして、「社会彫刻」を提唱。その実践例に、〈「七〇〇〇本の樫の木」プロジェクト〉などがある。

市民の参加により、ある種の社会環境や社会状況、関係性をつくり出す彼の手法は、形態上の観点からいえば、多くの美術作家に踏襲されている。また、行政支援の文化プログラムとは機能と役割のうえで酷似し、ソーシャルアートという名がつけられている。

それは親しみやすく日常のことと関わる、いわば市民社会の卑俗性に寄り添うものであり、美術にある種の高踏性、深遠さを求めるものには不評である。だが、作品については個々で評価を下すべきだろう。

社会が開かれていくとき、すべてが平準化、卑俗化されていくのを受容しなければいけないのだろうか。ここで行動や行為の質的な意味を再検討する必要がある。

ハンナ・アーレントは、人間の行動を三つに分類している。労働、仕事、活動だ。労働とは人間の生存に不可欠なもの。仕事は自然にない人工のものの制作。そして、活動はこう定義される。

「活動 action とは、物あるいは事柄の介入なしに直接人と人との間で行なわれる唯一の活動力であり、多数性という人間の条件、すなわち、地球上に生き世界に住むのが一人の人間 man ではなく、多数の人間 men であるという事実に対応している。たしかに人間の条件のすべての側面が多少とも政治に係わってはいる。しかしこの多数性こそ、全政治生活の条件であり、その必要条件であるばかりか、最大の条件である」（ハンナ・アレント『人間の条件』、志水速雄訳、筑摩書房）

この「活動力」という類型は、機能や属性などにもとづく社会学的な分類と根本的に異なる。近代の社会科学（社会学や経済学、統計学）は計測可能なものとして人の行為を解析する。ここでは人は人類でなく行動する動物であり、管理可能な存在であることが前提となっている。資本主義は人の行為も貨幣価値に換算し、唯一性を損なう。さらに商品の氾濫は消費の重要性を高めるが、これは本質的に生物的な欲求、感覚的な快楽に属する。人が一過性の生物、動物ではない証拠は英雄的な名誉を希求するからで、それはときに死を覚悟しなければいけない政治の領域において発揮される。アーレントの念頭には、互いに議論で徳を高め合う共和主義に根ざした、それぞれが異なった才を発揮するギリシア民主制のありようがある。それは均一化により進歩した近代民主主義と根本が異なる。

美術が非日常性を志向するなら唯一性が欠かせないが、社会の鏡であるなら唯一性の喪失は避けがたいものとなる。この両義的なパラドックスを、美術は抱え込んでいる。ボードレールが貴族制への憧憬から芸術を語ったことは一面の真理を突いていたことになる。

先に触れたヨーゼフ・ボイスの社会彫刻は、アーレントのいう活動に近似した存在ということができる。それは反体制的な政治性をともなうこと、さらにシュタイナー独自の反近代・反資本主義的な社会論を背景にしている点があげられる。

では、ほかはどうだろうか。アーレントは社会行動と政治的活動を厳密に区別している。だが、いまの日本社会では両者はほぼ混同されている。ある行動が行政や共同体の同調性圧力に寄与するとしたら、活動とはとても呼べないだろう。

ここで述べてきたのは活動の性質を少しいじり、美術作品の意味合いをもたせたものだが、アーレントは芸術そのものについても語っている。

「芸術作品は、そのすぐれた永続性のゆえに、すべての触知できる物の中で最も際立って世界的である。

人間の工作物の安定性は、芸術作品の永遠性の中に表象されているのである」(ハンナ・アレント『人間の条件』、志水速雄訳、筑摩書房)

この「永遠性」とは人間が一過性の存在、たとえば彼女のいう「労働する動物」と隔てる役割をもっている。物質的存在である工作物は、人間の行為である活動と本質的に存在を異にするが、両者は本質的な関わりあいももっている。

「活動し語る人びとは、最高の能力をもつ〈工作人〉の助力、すなわち、芸術家、詩人、歴史編纂者、記念碑建設者、作家の助力を必要とする。なぜならそれらの助力なしには、彼らの活動力の産物、彼らが演じ、語る物語は、けっして生き残らないからである。世界が常にそうあるべきものであるためには、つまり人びとが地上で生きている間その住家であるためには、人

間の工作物は、活動と言論にふさわしい場所でなければならない」（ハンナ・アレント『人間の条件』、志水速雄訳、筑摩書房）

人間の活動と言論を誘うもの、それらの場であることが芸術の永遠性を保証する。これはかなり限定的な定義にも思える。だがアーレントが思考は活動の源泉であると考えていたことを想起すれば、より敷衍《ふえん》的なとらえ方ができる。それは日常の思考からの遠さを生む存在であることだ。これはアウラを別の側面から説明したものとも言えるかもしれない。

冒頭に用の美から隔たったところにあるものを美術と定義したが、ここで「用」の定義を見直すことで別の可能性も生まれる。人間が生活し、消費する存在で、その目的に用があるなら、用の美は芸術ではない。だが生活のなかの実践であっても、日常、世俗から飛翔したものを志向するなら話は異なってくる。

プロテスタントの一派でほぼ消えつつあるアメリカの信徒集団にシェーカーがいる。かれらは「労働は神の道に至る」と考え、装飾を極限までそぎ落とした家具を制作する。かれらは「最高の用は最高の美を具える」と言う。だが、その用とは神の栄光を示す美の秩序としての生活の実現に欠かせないものだ。彼らの生活は永遠性をたたえるものであり、その器に美術がある。彼らの思想にもっとも近い存在をあえて日本で探すなら、宮沢賢治があたるだろう。

「……おお朋だちよ　いっしょに正しい力を併せ　われらのすべての田園とわれらのすべての生活を一つの巨きな第四次元の芸術に創りあげようでないか……」（宮沢賢治「農民芸術概論綱要」『宮沢賢治全集10』筑摩書房）

ヨーゼフ・ボイスの社会彫刻は有機的な社会論をその背景にもっていたが、宮沢賢治はある種のユートピア（超空想的）社会主義をその芸術観にもっていた。現代にあって人を人たらしめるものが芸術の可能性なのである。

社会が器、芸術はその具ではない。むしろ社会が具であり、器が芸術ということもできる。現代の生活にズレを与え、別の価値観、見方に誘う存在。あるいは相互作用で自他ともに変容していくもの。そこに芸術の役割と存在理由がある。

それは現代とはなにかを問いかけることでもある。ボードレールのいったモデルニテとは、そうした意味を含む。それが活動ではなく、人の制作による作品（工作物）、実体をもつ美術にどこまで可能であるのか。その可能性と展望をいましばし熟考したいと考えている。

（美術・文化社会批評）

新聞の行く末

坂口裕彦

新聞に未来はない。新聞社で働いている人間としては、何度聞いても、ドキリとし、背筋が寒くなる言葉だ。

無理もない。インターネットの普及で、検索機能を使えばあっという間に、玉石混淆の情報に接することができる。ましてや自分が見たこと、知ったことを「すぐにだれもが発信できる時代」だ。それぞれの新聞社が、紙の新聞に執着していくべきか、インターネットに活路を見いだすべきかと悩み、不動産事業をはじめとする新しい収益源を求める動きを強めている。ざっくりいえば、「総合メディア企業」を目指さざるを得なくなっている。

でも、私は「新聞」の未来を、そこまで悲観してはいない。というのは、変化はあれど新聞は「瓦版」と言われた昔も、いまも、そしてこれからも、基本的にはとてもシンプルな商品であることに変わりはないと思っているからだ。そして、「こういう時代だからこそ、新聞だ」という気持ちを強くしている。

私が大学を卒業して、初任地である毎日新聞西部本社山口支局に着任したのは、いまから一九年前。日本のスキージャンプ陣が金メダルを獲得し、日本中が湧きに湧いた長野冬季五輪の余韻がまだ残る一九九八年四月だった。

全国紙に就職した新人記者のほとんどは、全国各地に散らばる支局に三〜五年ほど配属される。事件や事故を担当する「サツ回り」、「市役所回り」や「県庁回り」をまんべんなく受けもち、他社の同年配の記者とは、友人にも、ライバルにもなりながら、腕を磨く修行期間だ。いまは電話を転送して家で寝ることも多いが、週二回ほどの宿直勤務もあった。

支局のある山口市は、当時、人口約一五万人。全国でもっとも人口の少ない県庁所在地で、中心部に位置している支局から一〇分も歩けば田んぼがあり、夏になると、カエルがゲコゲコと大合唱する、なんとものどかな場所だった。週末にアパートでのんびりしていると、耳に汽笛の高音が響いてくる。鉄道ファンに根強い人気を誇る「SLやまぐち号」が、線路脇のアパートをかすめるように通り過ぎていくからだ。これが午前一一時前を知らせる時計代わり。デパートも中心部に一カ所しかなかった。

大学を卒業したばかりの若者が、縁もゆかりもない土地で暮らすのは、さぞ苦労が多いだろう。そんな心配を大きく裏切り、なんでかなあと思うほど、わくわきどきどきの毎日だった。それもこれも、毎日が「へぇー」という意外な驚きの連続だったからだ。まずは生活リズム。街の雰囲気に合わせるかのように、事件や事故も大都市に比べると少なく、「新聞記者は忙しくて、寝る暇もないだろう」という固定観念とはほど遠い、ゆったりした二〇代の日々を過ごした。

たとえば、夏になると、車を二〇分ほど走らせて、スイカ農家を訪れる。今年の出来具合を尋ねて、写真をメインに夏の風物詩を伝える「絵解き記事」を書くためだ。スイカにへばりつくように、カメラのレンズを近づけてシャッターを切る。真っ黒に日焼けした顔をほころばせた農家のおじさんの話に畑で耳を傾け、焼けるように熱い砂地でこそ、みんなが舌鼓を打つおいしいスイカができることを、こちらも汗をだらだらかきながら理解する。

明治維新を生んだ長州の流れをくむ山口県人は親切な人が多い。農家のおじさんから「これ一つもって帰りなさい」と言われて頭を下げ、大きなスイカを両手で抱え、車に入れて意気揚々ともって帰る。秋になると、これまた車のハンドルを握り、くねくねした山道を走り、二十世紀梨の選果場を訪れて、今年の出来具合に耳を傾ける。

いまも覚えている、「ナシづくりの名人」と言われた六〇歳過ぎのおじさんが、懇切丁寧に教えてくれた出荷に至る一年間のサイクルはこんな感じだった。

秋に木の回りに肥料を植えて、冬には木を安定させるために枝を切る。春になると筆を使って花に授粉し、大きなナシにするため、余計な果実を取り除く。そして、病気や害虫がつくのを防ぐため、丁寧に袋掛けしてやると、八月末から九月にかけて、みずみずしいナシが出荷できる。

なるほどなあと納得しながら、こちらは写真を撮影し、組合長のおじいさんが「職場のみんなで食べなさいよ」と屈託なく手渡してくれた、かごに入ったナシを手に、いい記事を書くぞ、そして冷やしたナシをほおばるぞと、喜び勇んで帰ったものだ。

やはり、いい商品を生むには、手間暇と前向きな気持ちを惜しんではならない。

写真の思い出も、鮮明だ。私は記者が白黒写真を自分で現像していた最後にあたる世代で、当時は支局の暗室にこもり、フィルムを現像液、定着液の順番につけて、印画紙に焼き付けていた。できあがった白黒写真は、支局に備えつけられた電送機で北九州市の小倉にある西部本社に送っていた。デジタルカメラが怒濤の勢いで普及したのは、入社してから数年後のことだった。

梅雨入りしたある日、新しい傘を誇らしげに手にした小学生の女の子の写真を撮り、山口県版用の絵解き記事を仕立てた。新聞に掲載されるや、娘さんと一緒にお母さんがやってきて、「写真を一枚、いただけないでしょうか」と頼まれるので、写真を支局で現像して手渡した。お手製の読者サービスであるが、「いい家族の思い出になりました」と、大いに喜んでくれたのを覚えている。

「面白きことも無き世を面白く」と辞世の句を詠んだのは、長州が生んだ幕末の志士、高杉晋作だったが、入社して三年目、四年目にあった大阪への転勤話を断ったのも、基本的になんでもありで、仕事に手触り感のあった山口での暮らしが水に合っていたからだった。結局、五年間も過ごすことになった。

「山口なんでもありのころ」の反動が出たわけでもないだろうが、故郷でもある兵庫県尼崎市の阪神支局を経て、入社して八年目の秋、まったく予想もしない政治部への赴任を命じられた。政治部は、首相官邸や外務、防衛、厚生労働の各省、自民、公明両党をはじめとする与野党の政治家といった「日本の真ん中」を取材する部署で、のどかな生活とは対極にあるイメージだ。

「大それたことは、考えてもいないし、正直、異動希望調査に書いたこともありません」とおじけづく私に、当時の上司は「ぼくが君の立場だったら、チャンスだと思って絶対に行くよ。行ってみて、水が合わなかったら、いつでも戻ってくればいいから」と送り出してくれた。

政治部記者のミッションは、最高権力者である首相の意向や、日本の明日をデッサンする政策、むきだしの権力闘争を取材することだ。政治の決定は、人びとの暮らしに直結する。国会議員や官僚への「夜討ち朝駆け取材」の連続は、体力的には山口支局とは比較にならないほどしんどかった。

「やっぱり、日本の中心の東京で、権力の中枢を取材するのは大切だ。政治部の原稿は、すべて全国版だから読者も多い。山口版は、どうしても読者が山口県内に限られてしまう。ここは大きな舞台なんだ」

「早寝、早起き、朝ご飯」を大切にしてきたのんびり人間が、寝る間を削ってまで働く悲惨な労働環境を受け入れたのは、そんな気負いだった。私は関西の下町、兵庫県尼崎市で生まれ育ち、入社試験のときに上京したのがようやく二回目の東京体験という完全な「おのぼりさん」だったから、余計に自意識が過剰になったのだろう。

でも、いざ慣れてみると、取材対象が日本の大きな方針を決めていく人たちにはなっても、基本は山口支局の駆け出しのころと、そう変わらない。政治家や官僚の取材も、山口で農家のおじさんたちのときのように、顔を合わせて話を聞くのは同じ。「大物」と言われる政治家も案外、些細なことでくよくよしたり、喜んだりする。意外にもそんな表情がかえって魅力的に映ったものだった。

インターネットの普及で、全国版と県版の壁はなくなった。一〇年も経ていないのに、山口版の記事をいままでは全国津々浦々、そして世界中で読むことができる。それぞれの県版も同じだ。そればかりか、紙で発行された紙面イメージも、パソコンやスマートフォンで日常的に見ている。「全国版」「それぞれの県でしか読むことができない県版」という概念は消え去り、私のころは限られていた読者数も、創意工夫次第で飛躍的に増やせるようになっている。

裏返せば、働いている場所を問わず、記者の仕事も、これからよい意味でダイナミックに広がるということだ。もちろん、行政や警察が発表した記事をきちんと書けてこそ一人前だけど、これまでは私を含めて、創意工夫よりも「他社よりも一日でも早く」というしのぎあいに、多くの力と時間を割きすぎてきた。

さらなる可能性を実感したのは、二〇一四年にウィーン特派員になってから、もっとも注力した難民・移民危機の取材だった。二〇一五年だけで、内戦が泥沼化したシリアや、政情が定まらないイラク、アフガニスタンなどから欧州に一〇〇万人以上が押し寄せたのだ。

徒手空拳で挑戦したのが、バルカン半島を陸路で北上し、ドイツなどの西欧諸国を目指すある難民の家族に密着して、その旅路を毎日レポートする「同時進行ルポ」である。難民・移民を単なる「記号」ではなく、「生身の人間」としてとらえてこそが、この教科書に載るかもしれない世界的な大事件の実相を伝えられると考えたのである。

同行したのは、トルコとの国境に位置するエーゲ海に浮かぶギリシャのレスボス島で出会ったアフガニスタン人アリ・バグリさん（三二歳）の一家三人。フェリーでともにギリシアの首都アテネ近郊のピレウス港へと渡り、マケドニア、セルビア、クロアチア、スロベニア、オーストリアを経て、最終目的地であるドイツ南部にたどりつくまでの道のりを、いったんは見失いながら追いかけた。展開は、シナリオなしのぶっつけ本番。「トラブルも紋切り型でないニュース」と割り切り、心に響いた「へぇー」をつづるしかない。

追いかける過程は、記事や写真はもちろん、動画でも撮影し、紙の新聞とホームページに掲載した。一眼レフのデジタルカメラでの撮影、その場からの送信は当たり前の時代になった。スマートフォンで動画を撮影し、カフェにあるWi-Fiでネットにつなげば、数分で本社に送信できる。「ここまでできるのか」と内心驚いたのは、同僚のアドバイスにしたがい、自分がレポーターとして出演する動画を送ったことだ。一人で取材していた私が、なぜそんなことをできたのか。種明かしをすると、即席のカメラマン役は、たまたま通りがかった、欧州を目指すシリア難民の若者がボランティアで引き受けてくれたのである。若者は遠慮がちに切り出したこちらの頼みに、「お安いご用だ」と自信たっぷり、スマートフォンを構え、手際も鮮やかに撮ってくれた。

私は決してITに詳しいほうではないのだが、最初はおっかなびっくりでも、えいやとやってみると、記者、スティールカメラマン、ビデオカメラマン、そしてリポーターの「一人四役」まで、できてしまった。難民や移民も、スマートフォンのGPS機能を使って、欧州までの最短経路を探し出し、SNSで情報収集していた。インターネットの最新技術は、間違いなく、難民や移民の立ち居振る舞いも、記者の働き方も、根っこから変えている。だからこそ、私は日本のメディアがきちんと特派員を置いて、報道する意味を感じるのだ。

世界を揺るがした欧州の難民・移民危機ではあったが、日本から見れば、どこか「遠い世界の出来事」だっただろう。ロイターやAPなどの欧米の通信社が配信する記事を翻訳すれば、日本にいながらにして、まるで自分が見てきたかのような記事を完成できる。「AP通信によると」「ロイター通信によると」という記事は、そうしてできあがる。かつては「夜討ち朝駆け」でようやく記事にした政治家のコメントも、政治家自らがツイッターで発信するようになった。だれでもインターネットにアクセスすれば、こうしたニュースソースにすぐアクセスできる。

しかし、それだけでは「紋切り型の記事」ばかりがあふれてしまう。あくまで日本人の記者が、ときに悪戦苦闘しながら、海外で暮らし、自分の目で見た現場の息づかいや人びとの表情を伝え、そこにある背景について分析していく。その手触り感の先にこそ、「日本の視点から見る世界」が映し出される。

世界の「いま」を俯瞰してみると、インターネットの破壊力が後押しするように、経済のグローバル化が加速している。副作用のように、世界中で中間層がどんどん減り、富める人と貧しい人の所得格差が広がっている。マグマのように溜まった人びとの不満を吸収するかのように、既存の政治システムや、難民や移民といった「弱者」などを特定の敵とみなし、批判の矛先を向けるポピュリズム（大衆迎合主義）の政治スタイルが広まっている。問題はポピュリズムの政治スタイルが、大衆の熱狂的な支持を得た強権的な独裁者を生み出す危険を、おおいにはらんでいることだ。まさかまさかの展開で、英国がEUから離脱することになり、米大統領選でも、あれよあれよの展開で、「不法移民を止めるため、メキシコ国境に巨大な壁を築く」などと、過激発言を繰り返した共和党のドナルド・トランプ氏が当選した。

日本がポピュリズム的な政治に流されないためにも、新聞は「多様な議論の場」を提供しつづけないといけない。だからこそ、新聞はいま、「読者の皆さん、こんな難しい局面だけど、一緒に、なんとかいい知恵をひねり出しましょう」という姿勢で望むべきときではないか。反省と後悔の念を込めて言うのだが、新聞はこれまで少子高齢社会に合わせた読みやすさを目ざし、文字を大きくし、一行あたりの文字数を減らし、原稿も短く、短くでやってきた。しかし、それにより伝えられる内容が確実に減ってしまったのもたしかなのである。これからはネット版を書いたり、本にすることも想定しながら、もっと長い原稿の提供を増やすべきだ。

という思いをいま強くしているのは、妻を急病で亡くし、仕事と子育てを優先するため、いったん記者職を離れて、実家に近い大阪本社へと戻ってきたからだ。いざ娘との二人暮らしがはじまってから、見えてきたことがたくさんある。たとえば、娘を最長午後七時まで預かってくれる保育所なしに、現在の生活はあり得ないのだが、それにしても、あの保育士の先生方の、目の回るような忙しさはいったいなんなのか。いつ、昼ご飯を食べているのだろうと思うほどだ。

厚生労働省も一〇年ほど前に、半年ほど記者として担当し、国の大方針とも言える政策を追いかけていた。しかし、そうした官庁取材だけではなく、ぐんと身近な現場にどんどん出ていかないと、本質的なことはやはり見つけられないものなのである。

「なぜ、保育所の先生はこんなに忙しいのでしょう。みんなで一緒に考えましょう」

「シングルファザーやシングルマザーも、気を抜かないといけないときがあると思うのですが、皆さんはどうお考えですか」

二〇年近く前、山口支局で働いていたときは、山口県内に反響も限られていたが、いまならば、たとえ地方で働いていても、ソーシャルメディアを利用し、こんな疑問も、より多くの人たちと一緒に考えていくことができるだろう。SNSの存在は、役立てるものであって、対立するものではない。ざっくばらんに言うと、新聞は国民的アニメ『サザエさん』に出てくる「三河屋さん」のような、気取らず、身近な存在にならなければいけないのだ。

読者の知る権利にきちんと応えることで、民主主義に必ず役立つのだという気概。そして、簡単に答えの見えない問題だらけの時代だからこそ、自分たちの価値判断をきちんと提示しながら、「ぜひ一緒に皆さん、考えていきましょう」と訴える真摯な姿勢。紋切り型ではなく、なんでもありの柔軟な発想で、新しい一歩を踏み出していくチャレンジ精神。人びとの不安がますます増幅していく時代に立っているからこそ、きっと新聞は紙だろうが、ネットであろうが、かたちはどうあれ、工夫次第でいくらでも、より幅広く、奥行きをもって、世のため、人のために尽くすことができる。

いや、尽くさねばならないのだ。

（新聞記者）

定まらないアート

長谷良樹

ぼくは写真を撮っている。

一言で写真を撮るといっても、まったくちがう二つのパターンがある。

一つは、「仕事」として依頼された写真を撮るケースだ。これは一般に商業写真と呼ばれている。商業的な広告やカタログ、雑誌用の写真などであり、街や生活の場で多く目にすることになる。このような写真の場合、写真をなにかの宣伝のために使う組織や会社から依頼されて写真を撮る。スタッフの人たちと共同の作業で、決められた期限内に撮る。写真を使う目的が決まっている点では、ゴールから逆算して撮る写真といえるかもしれない。

もうひとつのパターンは、その反対である。だれからも頼まれていないのに、自分のきわめて個人的な欲求と、頭のなかのヴィジョンだけを拠りどころにして、写真を撮るケースだ。「アート」などと呼ばれることになる写真となる。

自分のなかから生まれるイメージをカタチにしたいという情熱からはじまる。時間もお金も撮る人が自分で負担する。だれからの依頼もなくおこなうのであるから、基本的には一人の作業となる。そして、その期間が長引くと、社会から一時的に孤立した状況になることもしばしばである。

ぼくがこの「アート」としての写真に取り組んで感じていることについて書いた文章である。

アートとはどんなものか

世界中のさまざまな人がアート写真を撮っているわけだが、当然いろいろな撮る対象やテーマがある。ある人は、外国の自然や大地を何十キロも歩き、風景写真を撮る。何日もかけて人のいない山や大地を歩く。その行程は、撮影というよりは旅であり、冒険と呼ぶこともできる。また、ある人は、「人間」をテーマにスタジオのなかで写真を撮る。老年の女性のヌード写真を撮り、舞踏家などの身体表現をモチーフに撮る写真家もいる。

より抽象的なアプローチで、一見理解しにくい作風の写真もある。カタチがなく、色彩だけで表現された写真、すべてが意図的にピンぼけで撮られている写真など、本当にいろいろな作風がある。撮影手法にも古典的なフィルムを使う写真から、現代的なデジタル加工を施した写真、カラー写真もあれば、白黒写真もある。ここ最近では、写真というものがいったいなにを指しているのかということに根本的に挑戦し、写真というジャンルの枠を越えるような作品もある。

そしてぼくの場合、強いてジャンル分けをするならば、コンテンポラリーフォトグラフィー（現代写真）というものに入る。見る人からはさまざまな解釈をされる。一見したところシンプルだけれども、とても抽象的。少し不思議な作風。よく分からないという反応を受けることもある。いずれにしても、個人の創造性をもとに、表現したいという欲求を満たす目的でつくられるものがアートであると考えれば、ぼくの作品もアートという大きなくくりに入っていると思う。

だが、そもそもこのアートというものはなんなのか。アートとして表現される作品は多種多様で、評価についても見る側にまかされることが基本的な特徴なので、作品を見ても人によって印象は異なり、またひとつの正解というものがない。そのため、見る体験がとても個人的なものになる。見ることは一人でできる。必ずしも感じたことをだれかとシェアする必要もないし、できるとも限らない。そのためか、アート自体を、社会や実生活と切り離して、よくわからないものと決めてしまう人も多い。

しかし、つくる側からすると、それは「実生活そのもの」であり、自分の時間と人生を丸ごと包み込む、きわめて日常的なものなのである。

理不尽なアート

ぼくの作品はつくるのにとても時間がかかる。

まず自分の頭のなかに浮かぶイメージ（ビジョン）からすべてがはじまる。コーヒーを飲みながら、インスピレーションが湧きやすい好きな音楽を聴いていると、頭にいろいろな情景が浮かんでくる。それらは、とても瞬間的に出てくるので、タイミングを移さずスケッチブックに記録する。描いたスケッチの周りには、あとから見たときに最初の新鮮なイメージをできるだけ思い起こせるよう、説明の言葉もいくつか添えておく。「全体に青い光が満ちる」「巨大で柔らかい物体が空中に

「181°」シリーズより

浮く」「神様のような光を放つイメージ」など。

次に、実際にそういった頭に浮かんだイメージを写真で表現するため、被写体そのものを自分でつくる。これが、通常の写真にはない工程で、手間がかかる。

たとえば、現在おこなっているプロジェクトのひとつに〈181°〉というシリーズがあるのだが、ここには、「高さ五メートルの巨大な逆三角形の立体オブジェ」が被写体として登場する。頭に浮かぶイメージをなんとしても作品に残すために、そのようなものはどこにも売っていないので、実際に被写体であるオブジェを自分の手でつくるしかない。当然、つくるのには結構な時間がかかる。イメージが頭に浮かんでからオブジェができあがるまでに数カ月が過ぎてしまう。

そして、オブジェができると、今度は撮る場所を決める。これもどこでもよいというわけではなく、頭のなかのイメージに近い場所を、現実の世界で見つけなくてはならないのだ。現実の世界に作品のフィットする適当な場所がある保証はないのだが、とにかくそれに似た場所を探す。どうやるかといえば、地図を見ながら車であらゆる場所を走りまわるのである。海岸線、山、高原。とにかくいろいろな場所を数十キロから数百キロ、理想の場所を求めて走る。ピンとくる箇所は、周辺を数キロ歩いてよく探る。数日間、野宿をしながらの放浪生活になってしまう。結局、適当な場所が見つからないという場合もあるのだが、そういった幾度の探査旅行を繰り返し、撮影場所のアーカイブのようなものができあがっていく。そして、時間はまたたく間に過ぎていき、最終的にはたった数枚の写真が完成するまでに、半年から一年以上の月日が流れている。

© Yoshiki Hase

「181°」シリーズより

これだけ時間をかけて作品づくりをしていると、どうしても一人で過ごす時間が多くなる。なかなか人づきあいをする時間がつくりづらくなるため、数週間ろくに人に会わないということにもなる。そして、考えると恐ろしいことだが、アート作品はどんなにつくっても、それを世間に見せる機会がなければ、だれの目にも触れることなく終わってしまうのである。そこが商業写真とは根本的にちがうところだ。世の中に出る保証はなく、人の目にも触れず、鍵をかけた倉庫にしまわれたまま、お蔵入りになるということもある。実際に、過去に撮った作品で一度も人に見せる機会が訪れなかったものがいくつかある。うまくタイミングがあわず、自分は望んでなくても、そのような運命をたどる作品がどうしても出てきてしまう。また、運よく人に見せる機会に恵まれたとしても、経済的な成功をおさめることは、あまり期待できない。出ていくものは多く、入るものは少ない。よくてトントンである。情熱、希望、不安、経済的支出、焦り。そういったものがない混ぜとなり、いつも自分のまわりをとりまいている。とても時間がかかり、社会的な保証のない行為であるアートの制作。そこで根本的なクエスチョンが出てくる。「なんのためにアートをするのか？」である。

なぜアートをするのか

一〇年前に取り組んでいたプロジェクトに、ニューヨークのＨＩＶ＋1（ＨＩＶプラスワン）と呼ばれる人びとを二年にわたり撮影するというものがある。ニューヨークのイーストビレッジにあるコミュニティーには、ＨＩＶ陽性であり、同時になにか別の問題も抱える人が集まっていた。Ｈ

ＩＶで目が見えない、ＨＩＶで両足がない、ＨＩＶで殺人による服役経験があるなどである。ＨＩＶという免疫の病気とともに人生におけるあらゆるトラブルを経験した人びとが集まっている。そこでポートレート写真を撮り、アートセレピーと呼ばれるプログラムの一環として、撮った写真を被写体である本人に渡すというプロジェクトだった。社会復帰を目指す人たちの生活は、考えられないほどスローで、生きていること自体を奇跡と思っている人に接した体験はあまりに強烈だった。

後年、このプロジェクトには支援者が現れ、写真集の出版とともに、写真展を各地で開催することになったのだが、その写真展のオープニングの挨拶で、支援者代表の女性がこんなことを述べた。

「あらゆることが不公平な世の中でひとつだけ平等なのは、一日に与えられた時間だ」

自分のニューヨークでの体験と相まって、とても印象に残る言葉だった。これは、だれもが時間を大切に、効率的に使わなくてはいけないという意味にもとれるが、一〇年経ったいまは、むしろまったくちがうメッセージに聞こえてくる。

それは、「どんなに地味であっても、一日という時間をだれもが過ごしている」という当たり前の事実だ。自分のしているアートの話としてとらえても、このメッセージの意味は大きい。

ぼくがアート写真を製作する工程は、ほとんど無為の時間の連続だ。撮影場所を探すために車のハンドルを握るだけで、一日はあっという間に過ぎていく。作品にフィットする場所はそうそうないので、収穫のない日は、それこそなにをしていたのか分からないような時間を過ごす。

しかし、通り過ぎる風景のなかに見ていたものや、つらつらと頭のなかに巡らせていた些細なイメージは、とても純粋で静かな時間のつながりの賜物だ。いろいろな情景は目に焼きついているし、整理のつかなかったことに頭のなかでけりがつくこともある。さまざまなことが、普段よりも客観的に感じられ、より純粋な心の状態になる。

また、目的であった場所探しという意味では、すぐには使えない場所ばかりであっても、なにが役に立つかは自分でも分からないものなのだ。まったく別の機会に、通り過ぎた場所のどこかが、ほかの作品の舞台に化けることもいくらでもある。そういった意味では、人に会わず、言葉もしゃべらず、移動するしかなかった数日は、それはそれで〈名もなき大切な日々〉だったということは言えるのだ。

アートをするというのは、こういった空白の時間を、ありのまま受けとめるということではないかと思う。そのプロセスや行動に意味を求めすぎないこと。ものごとを効率化していろいろなものを詰め込むのではなく、むしろどんな状況も、そのままをよく味わうということだ。それは、自分を純粋な状態に保つことでもある。アートをつくろうと思う人の内面には、自発的で純粋な面が生まれてくる。カタチとしての作品も大切だが、それはある意味では、過ごしている時間の副産物でしかない。役に立つかどうかだけで、人やものごと、時間の価値を決めない生き方を、アートは助けてくれる。無駄なものはないのだ。

定まらないことがアート

一般的な価値基準ではなかなか測れないアートというものに日々接していると、生活のなかでも、ものの見方に影響がでてくる。たとえば、作品を撮りはじめる際、やるべき工程のすべてをクリアに整理できているわけではなく、完成形がイメージできないまま発進してしまうこともある。どこに向かっているのか自分でもよく分からない。撮っていくうちに、目指すイメージがかすかに見えはじめ、そこから徐々に全体の構成を練りなおし、完成に近づけていく。もちろん、撮影の最中のことなので、すべては瞬間的なスピードで頭のなかで進行していく。撮る風景や被写体の変化にも臨機応変に対応しながら、見えていなかったイメージを徐々に摑んでいくのだ。

こういう創作の方法に慣れていくと、ものごと全般について、最終形がはじめから見えすぎることに、抵抗を感じるようになってくる。むしろ逆に、先が見えない、なにも決まっていないということに真実味を覚え、それがごく当たり前の状態に思えてくる。

しかし、アートの世界にも、はっきりとした目標設定や答えを必要とされることがあり、ぼくはときどき、そのことに疑問を感じる。「作品には、どのようなメッセージがあるのか」を作品とともに言葉で表明するのが、一般的なアートの〈発表〉の流れになる。もちろん見る側が理解を深めやすくなるので、そういった環境を提供する目的もあると思う。ぼくとしても、漠然とながらテーマをもって写真を撮るわけだから、なにかしらは言うことができる。

ただ実際のところ、これらのメッセージは、作品を完成するまではっきりと摑んでいないことも

© Yoshiki Hase

「181°」シリーズより

よくあるのである。そして、写真を撮り終わり、プロジェクトとしてまとめあげた後、完全にクリアになっているかといえば、そうとも限らない。このことは、「コンセプトがはっきりしていない」という理由で、減点の対象となることもある。とくに欧米のマッケートはシビアである。

しかし、人間というのは、そんなになにもかも分かっているものだろうか。自分のことだからといって、すべてのことがたしかだと言えるだろうか。写真を撮るのは、撮るものに意味を与えるためではなく、よく分からないものでも、身体的になにかを感じとり、撮るのである。自分のおこなったことすべてに説明をつけていこうという姿勢は、自分が何者かを常に固定して生きなくてはいけない社会の生きづらさにも通じている気がする。人が窮屈になるのは、いつもこういう仕組みから抜け出せないからだ。

なにか不確かなものがあり、自分の心と世の中がフィットしないときこそ、実はアートの出番なのだ。フィットしないことが、そのままテーマになる。はっきりしないことを、必ずしもはっきりさせる必要はないと思いたい。そういったところに目を向けてくと、豊かなイメージの源泉が見つかる。

「定まらないアート」

結構な部分で、生きていくことにも重ってくるのではないかと思う。

（写真家）

こんにちは、フランス便利屋です。

丸山有美

二〇一六年、勤めていた出版社を辞めて、担当していた月刊誌の編集長の立場を退いた。前編集長からの引き継ぎ期間に二冊、二〇〇八年四月号から二〇一六年三月号までの担当期間に九六冊、二〇一五年にはフランスで同年一月と一一月に起きたテロ事件を受けた特別編集別冊を二冊、八年二カ月のあいだに合計で一〇〇冊の編集に携わった。

わたしが担当していた雑誌『ふらんす』は、一九二五（大正一四）年に創刊されたフランス語とフランス語圏の文化を扱う月刊誌である。読者層は、一〇代から九〇代の男女と幅広い。寄稿者はおもに大学でフランス語やフランス文学を教えている日本人とフランス人、そのほかに記者やライター、作家や漫画家など一号に四〇人ほどが名を連ねる。特集記事のほかは連載記事がほぼ全体を占め、フランス語圏に関することは基本的になんでも掲載テーマとなりうる。語学関連の記事としては、文法、聞き取り・書き取り、作文練習、名作文学や詩の対訳、試験対策など、文化関連の記事としては文学、哲学・思想、歴史・地理、人物評伝、映画、音楽、食、アート、エッセイ、インタビューなど、時事関連の記事としては政治、社会、スポーツ、エンタメランキングなどといった具合だ。月刊の一般誌であることは間違いないが、その性格は語学雑誌であり、専門雑誌であり、総合誌であって、正直、短い言葉でどういうメディアなのかを説明しづらい。

雑誌の編集に携わっていた間、そして現在も、フランス語やフランス文学を専攻し、将来は学んだことを活かした仕事がしたいと願う学生から相談を受けることがある。その際に決まってぶつけられる質問があるが、以下、それに対するわたしの答えが、考えるヒントになれば幸いに思う。

一、どうして編集者になったのですか？

偶然です。編集職を経験した人間のなかで、わたしの経歴はおそらく珍しい部類に入るのではないかと思います。

大多数は、採用募集をかけている出版社に書類を出し、厳しい試験と面接をいくつも経て入社し、編集部に配属された人たちでしょう。あるいは、出版社でアルバイトとして下積みし、正式に社員として登用されて編集者になったというケースもよく聞きます。いずれにせよ、本をつくることに強い憧れや志を抱いて、若いうちに出版の世界に飛び込んできた人たちが大半です。

一方のわたしは、大学卒業後、まずは美容関連企業に就職して一年足らずで退職しました。その後フランスに渡り、日本人駐在員の子女に対して国語、作文、書道などを指導する講師になりました。帰国後は、芸術家個人事務所でアシスタントを務めたり、フランス語圏のベルギー人社長が率いる制作会社でオーディオドラマのシナリオ制作や日仏二カ国語のポッドキャスト番組の立ち上げに関わったりし、フリーランスの翻訳者兼ライターとして活動しているとき、ひょんなことから編集者になるきっかけを得ました。

少し詳しく経緯をお話しします。二〇〇六年にあるSNS上でのコメントのやりとりを通して知り合った方から、親しくしている出版社の編集者が探しているライターのプロフィールにわたしがぴったり合うかもしれないという、ていねいなメッセージをいただきました。それで紹介されたのが雑誌『ふらんす』です。二〇〇七年の四月号に、「DELF/DALF受験体験記」というタイトルでフランス語の資格試験に関する記事を寄稿し、挿絵も自分で描かせてもらいました（学生時代は漫画研究会に所属していたのです）。縁とは不思議なもので、そのときにやりとりした当時の編集長自身からスカウトされ、翌年度から雑誌『ふらんす』編集長のバトンを渡されました。

まったくの編集未経験者、つまりはズブのシロウトを外から入れて会社で唯一の雑誌を任せるとは、おおらかというか、ほとんど無謀に思えます。しかし、会社設立からフランス文学や哲学の翻訳書、フランス語の辞書、教科書や参考書を手がけてきた「フランス語の白水社」だからこそ、信頼のおける書き手をすでに多く抱えているし、過去に『ふらんす』を担当した役員や社員たちが何人もいる、だからどんなことがあっても大丈夫だという自信があったと想像します。わたしをこの世界に招き入れた前編集長は、重鎮から若手まで、年齢も立場もちがう大勢の書き手や協力先の関係者ともコミュニケーションをとって仕事を進められる資質ありと見込んだそうです。必要な作業は後から覚えればいい、フランスでの生活経験や出版業界以外で培った経験と人脈をもって、それまでになかった視点、新しい人を巻き込んで盛り上げて欲しいと言われました。

『ふらんす』は長きにわたってフランス語学習者のバイブルとして愛され、読み継がれてきた雑誌ですが、一九九〇年代にバブル経済が崩壊し、さらにフランスによる南太平洋での核実験が報じられると売上が落ち、一時は存続の危機に直面しています。二〇〇〇年代に入ると、今度はインターネットによる情報の多様化と多角化、入手の容易化が進んで出版業界全体が打撃を受け、その状況に活路を開くために外部から雑誌の担当者を入れたというわけです。果たして期待にどの程度応えられたかはわかりませんが、二〇一五年に創刊九〇周年の節目を迎えたのを一つの区切りとして卒業させてもらいました。

出版業界への就職は狭き門だなどとも言われ、たしかに新卒採用に関しては今後もその傾向は変わらないでしょう。一方で、別の業界を経て編集の仕事に携わったわたしのようなケースや、反対に、編集者が出版業界から他の業界へと活躍の場を移すケースは今後増えていくものと考えます。

二、むずかしいことはなんですか？

むずかしさは、やりがいでもあります。

まずは、編集長と言っても部員もアシスタントもいない「おひとりさま編集部」だったため、単純に、時間と気力・体力のやりくりに苦慮しました。雑誌『ふらんす』は代々一人の編集者が切り盛りしています。書き手や協力先などの関係者の数は、年度はじまりの四月号ともなると一三〇人近く、その他の号でも四〇人を超え、日々のメールのやり取りだけでかなりの時間がかかります。

作業内容も多岐にわたります。企画内容や時間と予算の兼ね合いによって、編集者は取材ライターにも、カメラマンにも、翻訳者にも、イラストレーターにも、DTPデザイナーにもなります。一日中仕事のことを考えていて、毎月お祭がやってくる感じでした。

誌面づくりに関して言うと、第一に、語学関連の連載のターゲット設定がむずかしいことが挙げられます。読者の大半がフランス語学習者ですが、初級レベルから上級レベルまで幅広く、弱点も人それぞれです。初級向けならば、そのレベルで、「読む・聞く・書く・話す」能力を強化するような連載を取り揃えればいい。あるいは、「読む」能力の強化に特化するのならば、各レベルに向けて文学、新聞記事、エッセイなど、ちがう種類の読み物を用意すればいい。ターゲットが明確な参考書とちがい、そういう機械的な判断ができないため、読者の反応や世の中の動向、先例に鑑みて、「読む・聞く・書く・話す」と初・中・上級各レベルの組み合わせを変え、連載ラインナップをつくりあげていくのは楽しくも悩ましいものでした。

ターゲットの問題としてはほかに、だれに向け、どんな文章がよいかという質問も、書き手からよく受けました。これには曖昧な返事ですが、「専門家ではない成人に向けて、論文調にならなければいかようにも自由に書いてください」とお任せしました。一般誌ではありますが、読者にはフランス語やフランス文学などの教員も多く、とくに若手研究者の書き手は同じ分野の先輩諸氏を意識してしまいがちです。「いかようにも自由に」が心の免罪符になって吹っ切れたと、あとから言われたこともあります。読者の年齢層が幅広いので、どこまでことば遣いを軽くしていいのかと尋ねられたことも少なくありません。

ことばを扱う語学雑誌である以上、あまりにもくだけた若者ことばや隠語などは避けるべきですが、同時に雑誌は時代を映す鏡ですし、文体は書き手の個性です。理解不能だったり、ひどく下品だったりする場合を除いて、そのままにしました。判断基準は編集者の感覚です。わたしは「母に読ませられるもの」を一つの目安にしました。反対に、格調高い文章ながら、若い世代にはおそらく難解だろうという場合、内心では美文をそのまま残したいと思いつつ、部分的に別の表現を検討してもらうこともありました。

内容が込み入っていて、標準語では説明的で硬い印象になりすぎ、読み通すことに負担がともなうと想像される連載では、大阪生まれの書き手にお願いして、わざと大阪弁風の語り口調で――大阪の人が日常的に話しているよりも、その他の地方の人が思う大阪弁のイメージに少しだけ寄せて――柔らかさを演出してもらいました。批判があるのは覚悟のうえでした。案の定「お笑い番組の延長か」と言ったお叱りの声もわずかに届きましたが、高評価を示す声の方が多く、成功した例だと思います。雑誌は、すべての記事が読まれることを期待していないメディアですが、それでもより多くの人に届かないのでは意味がありません。

ことば遣いに関連して、表記の問題にも触れておきます。記事は基本的に日本語で書かれたものですが、雑誌の性質ゆえ、部分的にフランス語の併記が必要になります。たとえば、未訳の文学作品を紹介する場合は、興味をもった読者が原書を買い求めることも少なくないため、書き手がタイトルを日本語に訳したものに並べて、原書のタイトルも載せました。既訳のタイトルが原書のタイトルからかけ離れていて、文脈が成立しないときには、原書のタイトル、日本語に訳したタイトル、カッコ付きで既訳のタイトルを並べて分かりやすくしましたが、これだと貴重な行数をずいぶん使ってしまいます。

フランスから来日した歌手や俳優のインタビューでは、発言の肝になることばや人となりを醸す表現にはフランス語を併記して強調しますし、格言や有名な一節の引用は、読者に日本語訳だけではなく、フランス語の原文も知ってほしいです。人名にも悩まされました。フランソワ・オランド大統領の前の恋人ヴァレリーさん（Valérie Trierweiler）の姓は新聞報道にしたがおうにも「トリルベレール」はあまりにも日本語に寄せすぎで抵抗があり、「トリールヴァイレール」「トリエルヴァイレール」はどちらもなんだか惜しい。現地で取材をした記者に尋ねると、ドイツ系の名だから近いのは「トリアヴァイラー」だけれどフランス語に寄せた発音で曖昧になっているとのこと。インターネットでフランスのニュース動画を確認すると、たしかにどれも曖昧だが、これは外務省ホームページで使われている「トリエルヴェレール」が許容範囲か。ほかにも、モンペリエ（Montpelier）で浸透している南仏の街は断然「モンプリエ」の方が近いのに、フランス語の語学雑誌が慣例だからといって屈していいのか（……屈しました）。

いっそのこと固有名詞はフランス語表記のみにしようかと迷いもしましたが、フランス語初級レベルの読者やフランス語は学習していないけれど、フランス語圏に興味をもって購読している読者に向けて、カタカナ表記は必要です。「チ」と「ティ」、「ブ」と「ヴ」や音引の使い方にこだわりがあり、どうにもすり合わせがうまくいかずにもめた書き手もいます。単行本ならば全体で統一すべきところでしょうけれど、時間との兼ね合いや、文脈上の語句の重要度、読みやすさなどから記事ごとに判断していくことが多かったです。

次に、ステレオタイプの扱いのさじ加減にもむずかしさがありました。「おしゃれな国フランス」という憧れと羨望を抱かせる堅固なステレオタイプが、日本人には根付いています。パリがあたかもフランス全体であるかのように認識している人も依然としています。わたしが担当を引き受けることを決めたときに心に誓ったのは、「この二つを推し進めることは絶対にすまい」です。硬軟織り交ぜた話題でカラフルな（……モノクロ印刷ですが内容的に）ごつごつした誌面をつくり、その全体から躍動感のあるリアルなフランスを浮かび上がらせたいと考えました。個別の記事に対して、「自分のなかのフランスのイメージを壊された」という声が届くこともありましたが、それよりもある一つのイメージに収まらないことを重視しました。とはいっても、ポジティヴに単純化されたフランス像は大切です。わたし自身もべつに嫌いなわけではありません。その強い印象に支えられているからこそ、ネガティヴな話題も含め、フランスのさまざまな面を遠慮なく伝えられると信じています。新規の読者を獲得するうえでも、雑誌に興味をもってもらうきっかけづくりの要素として無視できません。雑誌『ふらんす』はその顔である表紙だけがカラー印刷で読者に訴えかけられる場所でしたから、ここはとりわけステレオタイプを消し去らないように心がけました。

三つ目は、インターネット普及の影響への対応です。担当しはじめてから数年間に如実に感じたのは、長い文章にじっくり向かい合う読者が減ったこと、そして、興味・関心の幅が急激に拡がったことです。一つの記事に割くページ数を減らし、テーマをバラエティ豊かにする方向にシフトして、ある部分では成功しましたが、「言いたいことの本質に触れるのが難しい」と言う書き手も出てきました。そんな時期を経て、徐々にネット上にクオリティの高い記事が増えてきたことや、パソコンやスマホの画面上で文章を読むことに世の中全体が慣れてきたことからか、ふたたび雑誌でしか読めない深い内容の記事をじっくり読みたいというニーズが戻ってきているのを強く感じます。『ふらんす』は週刊誌などとちがい、保管されて読み返される雑誌です。何十年分も購読している読者から、部屋が狭くて困っているが、捨てるわけにいかないとの声が届いたこともあります。その価値を維持しつづけるためには、唯一無二であることをいっそう打ち出し、誌面を充実させることが必要不可欠です。これはなにも雑誌『ふらんす』に限ったことではないでしょう。それと同時に、新しい層にも雑誌の存在を知ってもらうこと、デジタルアーカイブ化して保管場所をとらずに情報を引き出せるようにすることなども重要な課題です。どの出版社も検討ないし実践をはじめていることですが、コストや編集者の負担の増大などもあって、言うは易し行なうは難しです。

三、フランス語で仕事をするためにやるべきことはありますか?

求めつづけることではないかと思います。

そもそもフランス語を使った仕事といって、皆さんはどんなものを思い浮かべるのでしょうか。通訳者や翻訳者、フランス語圏の企業や大使館などの国際機関の職員などでしょうか。

当たり前ですが、フランス語の勉強はやっておくべきです。習得レベルは高いに越したことはありません。一方で、著しくレベルが低い場合は別にして、ある程度でも使えるのであれば、それだけでも大変な財産です。フランス語話者が多く、「ビジネスレベル以上のフランス語」が必須条件の職場ならいざ知らず、それ以外では、フランス語がすごくできるけれど仕事がいまいちな人よりも、仕事ができてフランス語もまあまあできる人のほうがよほど重宝されます。なお、雑誌『ふらんす』の担当を引き継ぐときに言われたのは、「フランス語ができるかどうかは二の次」でした。

もし機会があるなら、フランス本国はもちろん、フランス語圏に行ってみたらいいと思いますし、それこそインターネットを活用すれば、いくらでもフランス語圏のニュースを読めます。二〇一三年のアルジェリア人質事件のときにとりわけ感じたのは、日本では海外の事件に関する報道が遅いばかりか少なく、たとえ報じられてもほとんどが英語ソースのものであることです。コミュニケーションの世界共通語としての英語の価値は疑いようがありません。ですが、もはや対岸の火事ではない、とりわけ宗教や思想といった、日本に暮らす日本人にとって馴染みの薄い背景が絡んだ事件が、同じ地球上で激しさを増す昨今、物事をより正確に冷静に捉えて思考するためには、英語圏以外の視点から発信される情報を得ることに大きな意味があります。余裕があるなら何カ国語でもやったらいいと思います。

まことしやかに囁かれる「フランス語を勉強しても将来つぶしがきかない」ということばは、気にしなくてもいいのではないでしょうか。わたしは、経験したほぼすべての職業で、直接的あるいは間接的にフランス語を使ってきました。学業を終えたあと、フランスなどでの海外展開を考えている美容関連企業に就職しましたが、在職中は一度もフランスに行くことはなく、日本人と関わることしかありませんでした。それでも人知れず職場でフランス語を使っていました。たとえば、フランスから輸入された化粧品の耳なれないカタカナの羅列を前にして、同僚があたふたしているようなときです。外装のフランス語表記と一緒にカタカナ名を記憶することで、フランス語の意味から化粧品の効果などもあわせて、いち早く正確に説明することができました。芸術家の個人事務所では、電話応対や書類の翻訳などでフランス語を使うこともたまにありましたが、それ以外でも、あるテーマの調べ物を頼まれたとき、時間のゆるす範囲で必ずそのテーマに関して芸術家が興味をもちそうなフランス語圏の情報をピックアップし、要約して渡しました。すると別の機会にも同じことを期待され、もう少し詳しくフランス語で調べるための時間も考慮してもらえるようになりました。「フランス語ができれば尚可」「フランス語歓迎」というような職場であっても、そのほとんどは期待するほどフランス語を使う機会はないと思っていいでしょう。ならば一人で勝手に「つぶしがきいてる」キャンペーンをやってしまえ、というわけです。

使わなければ無駄なまま終わってしまうものがだれかの役に立ったり、心を動かしたりすれば、それは立派な仕事です。フランス語に限ったことではありません。それこそ雑誌は、放っておいてだれの目にも触れなかったら、そもそもなかったのと同じになってしまうものを、いくつもすくい上げてかき集めたものです。受け取ってくれる相手を思い浮かべながら、書き手やデザイナーなど関係者と連携し、諸条件を考慮して全体を調整するのが編集者です。場面場面で必要とされる役になって立ち回るのが仕事なので、決まりきった作業が常に一定の分量あるわけではありません。自分のなかの無駄な経験、無駄な興味、無駄な視点を総動員して動くのみです。

いままで縁もなかった業界や人がつながって新しいものを生み出す動きが加速するなか、出版の世界でいう編集者のような能力をもった人たちが活躍する場はますます増えていくものと考えます。そういう意味で、「フランス語で仕事をするためにやるべきことはありますか？」という問いには、時間とお金のゆるす範囲でやりたいことはなんでもやったらいいし、興味のないものでもそれが身の危険や犯罪などと関係ないものだったら、ちょっと首を突っ込んでみればいいと答えます。なお、かけたお金に経験の濃密さはまったく比例しません。

四、フランスは好きですか？

好きでも嫌いでもありません。
興味の対象です。
好きなところも嫌いなところもあります。

（フリー編集者／翻訳者／ライター）

ネット時代の編集者

門馬聖子

「リア充」という言葉はすでに古いかもしれないが、私にはインターネットの内と外、画面を通した「あちら側」とリアルな「こちら側」という感覚がある。インターネットの情報も取材・執筆・編集によって成り立つ、ひとつの出版物の形態なのかもしれないが、出版物といえばインターネットと正反対の「こちら側」の産物という気がしている。

インターネットではなんでもできる。瞬時に地球の裏側に行くこともできるし、人種も年齢も飛び越え、コミュニケーションすることもできる。普段は笑顔の下に隠している生々しい本音を知ることもできるし、自らメディアを立ち上げ、持論を発信することもできる。「こちら側」では逆立ちしたってできないことが自由に手軽にできてしまう。おもしろくて仕方ない。自分が万能になった気もする。

私は成人してからインターネットに出会った世代だが、もっと年下の、物心がつくころからインターネットに触れてきた世代となると、インターネット世界とリアル世界の区別がつきにくくなるのもわかる気がする。ネット世界に引きこもって出てこない人や、そこで恋愛している人もいる。それに起因する犯罪もおきている。

インターネットのない時代、人びとは活字に飢え、本や雑誌を読み漁っていた。私もそうだった。気持ちに合わせ、恋愛小説、ミステリー、自己啓発書、ダイエット本、旅情報誌、写真集などを選び、手元に置いては読んできた。ところが、もし書店や図書館に足を運ぶ必要がなく、家にあるA4あるいはB5サイズの薄っぺらい機器や手のひらにすっぽり収まる機器に、「ほしい活字」がまるごと入っていたら？　そんなありがたいことはない。すぐに飛びついて放さなかっただろう。

それならばもう、インターネットの「こちら側」の紙の出版物はいらない？　情報も物語もインターネットの「あちら側」に任せておけばいい？　そう割り切ることは私にはできない。なぜなら、情報や物語を享受する側、読み手にとってはインターネットは便利この上ないが、情報や物語を提供する側、つくり手にとっては、インターネットを使うことで、おもしろさが半減するからだ。

たとえば、一軒のレストランの取材に出かける。あらかじめ、その店のホームページで、所在地や開店時間、コンセプトやメニューを確認してから行く。ホームページには、店長の料理やサービスに対するこだわりや客へのメッセージも載っている。店内や料理の写真もあるし、口コミと称する実際に店を訪れた客の感想もある。

ライターは取材に行って、なにを質問したらいいのか。応対する店長や店員は、「ホームページにもありますが」と前置きしながら答えたり、ホームページの言葉を一字一句なぞるように話していたりして、発見や驚きが実に少ない。そこからなにかを引き出すのがライターだ、という意見もあるかもしれない。だが、インターネットの普及によって、そもそも取材時間も短縮されており、

「あなただからしゃべりますけど」というほどの人間関係を築くには至らない。写真でさえ、「撮影したものがありますから後送します」のひと言ですまされ、プロのカメラマンが入る余地はない。

記事を書くときもそうだ。パソコンで打ったものをワンクリックで編集者に送れるのはたしかに便利だが、ライターに対する文章の要望はいつもこうだ。

「一文をなるべく短く。改行を多く。小見出しを多く。難しい言葉は使わずに」

スマートフォンの画面に合ったコンパクトな文章を、というわけだ。移り気な読者に一秒でも長くそのページに留まってもらわなくてはならない。さすがにコピー&ペーストで記事を書きはしないが、取材相手やクライアントからの直しが重なり、「この文章は本当に自分が書いたものか?」と疑わしく思える原稿になることはある。記事が掲載されたあとでも、ネットであれば取材相手が「この部分を直してほしい」と伝えてきたら、修正することも可能だ。紙の出版物だったらそうはいかない。流通に乗ってしまったら、もう取り返しがつかない。取り返しがつくものと、取り返しがつかないもの、どちらが真剣に取り組まざるを得ないかは明らかだ。

もちろんインターネットメディアでも真剣に取り組んでいる媒体はたくさんある。感動するほど、記事にこだわる編集者とも出会った。ただし、インターネットが便利で手軽な分、つくり手もともすると安易な編集に走りやすいことは忘れてはならない。インターネット広告やブログへの誘導のための文章を「一〇〇〇文字一〇〇〇円で書いてください」というビジネスもはびこっている。一時はネットを席巻したキュレーションメディアも、大きな社会問題になった。インターネットには長所も多いが、不確かな情報や質の低い文章が溢れていることは間違いないのだ。こうした文章を見慣れて育った若者が、次世代の出版文化を担っていくかと思うと、とても穏やかではいられない。出版文化が出版文化でなくなってしまうのではと思えてならないのだ。

出産や夫の転勤帯同で休んでいた時期もあるが、書籍や雑誌の編集・執筆に携わって二〇年近くになる。インターネットの記事を書くこともある。出版文化どころか、世間も知らずにこの世界に入ったが、先輩方に教えられ、なんとかここまでやってきた。ずいぶん恥ずかしいことも多かった。

小学校教諭を目指し、地方大学の教員養成課程で学んでいた私は、大学三年生の秋、路線変更して出版社を志望した。多くの編集者がそうかもしれないが、「本が好き」という理由からだった。教育実習を通して、自分が教師に向いていないと悟ったためでもある。マスコミ志望者が集まる作文教室に参加し、マスコミ就職に必要な情報を得ながら、王道のレールに乗ってテレビ局、新聞社、出版社と受験していく。筆記試験や面接にコマを進めても、なかなか内定には至らない。そんななか、ようやく書籍の出版社に採用された。

夢の出版社勤務だったが、入社してひと月も経つと、夢から醒めた。焦りや怖れが心を覆い、それは日を追うごとに強くなる。書籍編集者とは、本を読んできた人たちだ。それも圧倒的な量を。蓄積してきた文学的素養、つまり語彙、表現力、行間を読みとる力などを適宜とりだしては、ストーリーを構成し、見出しをつけたり、文章を整理したりする。私にあったとすれば、やる気と好奇心だけ。書籍編集に必要な能力をあまり蓄えてこなかったのだと気づかされ、自信を失った。

本は好きなほうだが、彼らの読書量とは比較にならなかった。同期の女性の鞄には常に文庫が三冊入っていると聞き、耳を疑った。本は読み終えたら次の本を買いに行くものだと思っていた。

作家の林真理子さんのエッセイに、こんな内容がある。

「読書が好きでよかったところは、孤独が怖くないところ」

これは半分は同感だ。ひとりの時間や暇つぶしの時間に読書することは、時間を忘れ、豊かな気持ちにさせてくれる。ただし、これは都会に住んでいる場合。あるいは、都会ではなくても、それなりの「居場所」を確保している場合に限る。

地方大学に通うひとり暮らしの若者にとって、ひとりぼっちほど怖いことはない。毎日、昼も夜もだれかとつながっていなければ、強烈な孤独に耐えられない環境だ。少なくとも私はそうだった。インターネットもない時代である。ひとり暮らしの部屋に帰ると、テレビをまずつける。まるで音と映像がなくては息ができないかのように。そのなかで本を読むこともあるが、本を読んで日がな一日過ごすことなどありえなかった。

本を読むとは、自分と対話することだ。孤独と向き合うことでもある。私は自分の環境に言い訳しながら、孤独と向き合ってこなかった。そのつけが出版社で働きはじめ、わが身に跳ね返ってきた。出版社は、本を読み、自分と対話し、孤独と向き合ってなんらかの答えを手にしている人ばかりが集まっている場に思えた。自分が思い詰めているなあと実感したのは、遠くにいる友だちに結婚祝いの寄せ書きを送るとき、たったひと言のメッセージを書くのに三〇分も考え込んでしまったことだ。意識しすぎて、ものが書けなくなっていた。

そんな私を「外の世界」に連れ出してくれた、一人の先輩がいた。一五歳年上のカッコイイ女性編集者が、社外の出版社仲間に会わせてくれた。編集者会議なる名目で、あらゆる出版社から、編集者やデザイナーなどが集まっていた。編集長クラスの人も多く、話題は刺激的だった。担当していた著者の方々にもよくしてもらった。五〇歳も年が離れている大御所なのに、まるで同年代とおしゃべりしているような気さくなノリの方もいた。

社内ではなにもできずに迷惑をかけたという思いが強いが、ちょっと離れたところに、エールを送ってくれる人がいる。そういう人たちから、「編集こそ自由な遊びである」と学んだ。ただ、その教訓が生きてくるのは、おそらくだいぶ先ではある。

その後、雑誌の出版社に転職した。書籍編集に自信を失っていた私は、雑誌ならできるかと思ったのだ。私の読みはいつも甘い。面接でのやりとりを、いまも覚えている。私は明るくはきはきと、「御社の女性誌が好きです。和モノの取材をしたいです」と言うと、編集長と副編集長は、「はっきりやりたいものがわかってるんだね」とちょっと腑に落ちないという顔をしていた。いま考えれば、「なんだかキレイなこと言ってるな」と思われていたのかもしれない。雑誌を甘く見ていることを、見透かされていたのだろう。

ともあれ入社は許され、希望の女性誌ではなく、男性誌の編集部に配属された。惚れ惚れするような誌面だったが、当時の私には、椅子を紹介するだけで三〇ページも費やせることが、不思議でならなかった。椅子なんて、脚が四本あって、それなりに心地よく座れればいいという程度の認識しかなかったからである。椅子の紹介文を書くときは、私が購入時にもっとも重視するであろう素材や値段はオマケみたいなもので、どこの国のなんというデザイナーが、どのような思いでデザインしたかを、細かく記していく必要がある。水栓金具やコンセントカバーに並々ならぬこだわりを見せる人の気持ちを、わかっているふりをしつつ、実はあまりピンと来ていなかった。自分が家を建てたり、インテリアを工夫したりする際の基準では、とうてい企画は通らなかった。

次第に、私は編集部員の一人にすぎず、その雑誌の内容を完璧に理解することなど求められてはいないこともわかってきた。年齢も性別もバラバラ、いろいろな価値観をもつ者が集まったチームプレーが雑誌づくりなのだ。雑誌は編集長のもの、とよく言われる。本当にやりたいことをやるには編集長になるしかない。編集長という大黒柱があれば、雑誌が揺らぐことはないのだ。私のいた男性誌の編集長は、「あれ、おもしろそうだよね」といつもウキウキと編集を楽しんでいた。編集長の食指が動く企画に、私ものめり込んだ。ＤＴＰの作業場と編集部を徹夜で往復したり、東北日帰り出張をしたりと、二〇代の体力をフル稼働させて夢中になって働いた。

書籍編集と雑誌編集、両方を経験して感じるのは、同じ編集でもまったく別の能力を要する仕事だということである。私は書籍編集者としては文学的な素養が足らず、雑誌編集者としては会話の機転が足らないことに苦しんだ。それでも編集ほどおもしろい仕事はないといまも昔も思っている。

インターネットで特段目的もなくネットサーフィンするように、ページをめくって雑誌を眺める。

インターネットで特定のキーワードを検索して閲覧するように、雑誌も目次や見出しから興味のある記事を探して読むことができる。インターネットと雑誌は、役割が見事に重なっている。

ある情報がほしいと思ったとき、時間も労力もお金もかからずに得るなら、インターネットに軍配が上がる。雑誌が選ばれないとすれば、雑誌文化は衰退していくしか道はないのか。かつて時代をつくり出し、スターを生み出し、好奇心を満たし、刺激と知識と郷愁と安らぎをもたらしてくれた、愛すべき雑誌文化はなくなってしまうのか。

私はそれもまた時代の流れで、自然なことだと思っている。インターネットは人類の進化の過程のひとつなのである。私たちが頭に描くA４（あるいはB５、あるいはB４）サイズの一〇〇〜三〇〇ページくらいの紙の出版物に、いつまでもしがみついてはいられない。と同時に、たとえ紙の雑誌がインターネットにとって代わられたとしても、雑誌のつくり手の文化、つまり出版文化は残ってほしいと切に願っている。編集者たちがどんな熱意と知恵をもって雑誌をつくっているか、この目で見てきたからだ。

いま、そんな雑誌のつくり手が試行錯誤している姿があちらこちらで見てとれる。多くの雑誌がホームページをもち、雑誌とネットが連動して情報を届けている。関連グッズをオンラインショッピングで販売している媒体も多い。ネットから雑誌創刊につながったケース、レストランなどのリアル店舗をプロデュースするケースも出てきた。雑誌は従来の型を飛び越えて、挑戦をつづけている。編集者にできることはまだまだある。

（フリーライター）

人を撮る　社会を撮る

勝山泰佑

一九六九年三月一二日、名古屋市菊井中学校へ雑誌の依頼で撮影に行った。そこでは一〇年ほど前から、卒業行事ともいえる、愛知県警による卒業生の十指指紋採取がおこなわれていたのだ。警察署員がひとり一枚ずつの用紙に、生徒の指を押さえ、拇指、小指など左右十指の指紋を採っている。生徒たちは困惑した表情を見せながらも、終わると黒くなった指先を見せ合ったりして屈託ない。学校に止められ、撮影もここまで。ぼくは校長室に呼ばれ、フィルムを出すよう要求された。「人権侵害の重要性は建物管理権などより優先されるべき」と、フィルムを守るぼく。押し問答は埒があかない。

言い分の妥協点として、フィルムを差し出すことはしないが、校長の許可なく写真の公表はしないという誓約書をつくった。しかし、自分の間違いに気づき、翌日また菊井中学校に行き、文書の撤回を求め、教師や教頭ともみあいになった。

教師が警察を呼び、ぼくら抗議の者三名は警察署へ連行された。別々に事情を聴かれ、一時間後に門の外。もう一度、紙を取り返しに菊井中学校へ。なんとか誓約書を取り返した。

問題を深く認識せずに、ぼくの採った軽率な行為の猛省が、今日までのぼくの立ち位置を決めた。

© Hirosuke Katsuyama

名古屋市菊井中学校　警察署員による十指指紋採取がおこなわれた

一九七四年秋、柴又帝釈天裏手の小さな公園、四人ほどの母親とその幼子たちが砂場で遊んでいた。母親に軽く会釈して、撮影の許しを瞬時に済ませ、小さなバケツやスコップで砂と遊ぶ子どもたちを育児雑誌のために撮っていた。母親らは相変わらず話に夢中。

気が付くと、公園を囲む植栽の向こうにパトカーが止まった。警官が二人、ゆっくりとこちらに近寄ってきた。

「ここでなにしてるのか」と訊く。母親らは話を止め、みなこちらをじっと見ている。

「見ればわかるじゃないか、写真撮ってんだよ」とぼく。

「名前は？」と警官。「怪しいことなんかなにもしてないし、雑誌の写真撮ってるだけだ」とぼく。

母親らに聞こえるようにと大きい声になる。

「ちょっと話を訊きたいので、署まで来ていただけますか」と警官。

「連行するのか、任意同行なのか」と大声でぼく。

「任意です」と警官。警官だけでなく、警察に通報しただれかにも腹を立てていたぼくは、「言いたいことがあるので任意で行く」とまた大声。

警察署まで長かったか、短かったかは覚えていないが、「名前は？　会社は？　雑誌の名は？」と、何度も訊かれた。パトカーのなかでは一言もしゃべらなかった。

「なにも悪いこと、おかしなことしてないのに答える必要はない。それより、だれがなんと言って通報したのか」

政治意識の高い読谷高校生

東京大学安田講堂

警察はなにも答えなかった。三〇分ほどして警察署から出された。

どこかのカメラマンが言っていた、「ぼくらの仕事は底引き網漁のようなもの。ザクッとすくって獲物の吟味。高く売れそうなものだけ採りあげて、あとはザブッと海に返すだけ」と。

二〇一五年夏、国会議事堂前の金曜日、「ミンシュシュギッテナンダッ」「ミンシュシュギッテコレダッ」と異議申し立ての人びと。人混みのなか、皆に背を向け、PC操るカメラマン。陰で獲物を吟味して、指からこぼれる0と1。なにやら画像に手を入れて、デスクに送って、次の漁。

歩道の幅半分をコーンとコーンバーで仕切り、このなかでならなんとでもどうぞということ。報道陣様御席もコーンで用意。双方真ん中から両方を見て、過ぎてきた五〇年。

「そういうこと言わずにどちらかに入ってくださいよ」と警官。

〝言葉はソフト〟がこのところの戦略みえみえの警察。コーンで仕切られた〝参加者〟ゾーンと〝報道関係者〟ゾーン、どちらもあふれんばかり。これではどの新聞も似たり寄ったりは仕方ないか。

世の中は実体のないものに価値をもたせる時代へと、大きく変わってしまった。

夜の日比谷の公園は、黒い集団みな顔青白く、必至に探すポケモンGO。

大喪の日。銀座「和光」の弔意。昭和の終わり

旧産業奨励館を太陽が熱く射る一日

二〇一六年一二月三〇日（金）　一九：〇〇　首相官邸前交差点　一人の男（ぼくと同世代の七〇歳前後だ）が三人の警官に取り囲まれている。ぼくはカメラを手にし、急ぎ交差点を渡る。絞り2・8、シャッター1／8。これで撮れば、たいていなにかは写る。渡り切って一枚。シャッターダイヤルを一段スローにして1／4でもう一枚と、ファインダーをのぞく。

一人の警官がなにやら言いながら近づいてくる。かまわずもう一枚。

「なに撮ってんですか。この人と知り合いですか。撮らないでください。肖像権というものがあるんですよ」

警官がなにを言うのか、弁護士と錯覚でもしているのか。答える必要がないことばかりだ。公道上で男一人に警官三人。なにごとか。見過ごすわけにはいかない。近くへ寄って、確かめたい。自然な衝動だ。

警官はその男にも知り合いか訊いている。「知り合いじゃない」と男。

男は警官に話をつづける。

「こうして話していることだって、共謀罪になるんだ」

〝テロ等準備罪〟の話だと察しはつく。警官は笑いながら「そんなことはありませんよ」と閑つぶしふうに。

「警官がテロリストにならないなんて、だれが言いきれるのか」

ぼくは言いかけて呑み込んだ。

（報道写真家）

3

©Yumiko Yasuda+Yuuichi M

未完のページを埋めるもの

下平尾直

一、究極の一冊?

いまわたしの目の前に座っているS……氏には、生きているうちにどうしても自分で編集して世に出したい企画がある、という。それこそ「究極の一冊」として、かれの脳内でだけは、すでに自社カタログの最終ページに収録されているようなのである。

そのS氏が、「共和国」とただ漢字三字をならべただけの出版社を設立したのは、二〇一四年四月のことである。法人化してあるので正確には株式会社共和国であるその出版社は、といってとくにベストセラーを生み出したわけでもなく、知名度にいたっては依然として業界でも弩《ど》がつくマイナー級なので、お世辞にも成功しているとは言えないが、代表取締役から奴隷役までをひとりで担っているせいか、かろうじて食いつないでいる次第だ。名ばかりが大きいのである。

その「共和国」、しばしば類似する業態の他社とひっくるめて「ひとり出版社」と総称されるが、本当にひとりで出版社を起業することは難しい。S氏にしたところで、著者訳者はいうまでもなく、ブックデザイン、組版、そして流通や経理といったほかのプロフェッショナルと協業しなければ、現在までのわずか三年とはいえ、法人を維持することはできなかっただろう。すなわちこの場合の

「ひとり」とは、「他とつながるためのひとり」なのである。

よくどうやって出版社を作ったのですかと問われるが、出版といっても、人間の頭のなかでクラウド状にもやもやしているものやイメージをことばとしてアウトプットさせ、それに付加価値をつけて提供し、流通させるだけの仕事である。音楽や絵画、映像、あるいは建築にしても、考えかたはおなじだろう。そうして余剰が出れば、S氏の報酬となる。ただ、S氏のように編集にしか目も能もない人間は、キャッシュフローもふくめて、経営的なことがよくわかっていない。自分の興味や関心にあかせてひたすら小部数の本ばかりを世に送り出してしまうので、かれにできることといえば、ただ毎月赤字にならないようにするだけである。だから、カネや数字のかわりにもっぱら文字におどらされ、ことばに翻弄されながら、身過ぎ世過ぎをするしかないのだった。MBAもTOEFLも漢字検定一級も不要だし、それで事業と呼べるのであれば、出版なんてS氏でなくとも誰にだってできるだろう。

そして、あたりまえのことだが、いくらS氏が編集にしか目や能がないからといって、どんなもやもやや企画でも本にできるわけではない。いきなり村上春樹に原稿を持ち込まれて、「初版五十万部なら共和国から出すよ」と言われても、印刷製本費や印税をはじめとする予算など、S氏のむやみにコンパクトな財布からは振っても叩いても湧いてこない。といって銀行に平身低頭できるほど懐が大きいわけでもない。なので、そういう現実的かつ一般的な話はここではひとまず傍へ除けておく必要がある。S氏の記録係としてのわたしがこれから語ってみたいのは、「共和国」を興したS氏にとって決定的な意味をもち、どうしても出したいという「究極の一冊」のことなのである。

S氏がまだ自分で「共和国」を興すことなど夢想だにすることのなかった時期のことだ。その作品にふれて以来——というか、その作品に収録されたある「文書」を一読して以来——それを自分の手で形にしてみたいと熱望するようになった。その作品には、その「文書」のほかにも本をめぐるあれこれがじつにいきいきと描かれていて、S氏はすっかり魅了された、というより憑かれたのである。かれがじっさいに読んだのは、齢遅く大学院に進学したあと、二十代後半のことだったが、その作品と出会ってしまったがために、S氏のなかに何かが胚胎した。そして今回あらためて、その作品を、その「文書」を、手にして読み返したS氏は、いよいよますます色濃くそれが自分の血肉と化していることを思い知らされたのである。

とはいえ、その作品はけっして出版や編集の歴史なりノウハウなりを説いたガイドブックや指南書のたぐいではない。小説《ロマン》、翻訳小説なのである。しかしこの小説に登場する革命的に新しい人間たちが、それこそ自分の表現を文字やことばにして出版するという作業におどらされ、翻弄されるさまが、いま現在のS氏をつねに触発し、鼓舞してくれるのだ。

ほんの数年前までは一介のサラリーマン編集者にすぎず、起業して飯を食うことなど考えたことがなかったS氏にとって、これはなによりの誤算だった。いや、こうしたホームラン性の大ファウルともいうべき誤算や誤解、勘違いがなければ、S氏の「共和国」も金儲けだけを目的とした、なんとも殺伐として無味乾燥な出版社になっていたことだろう。あるひと(いまは名を秘す)の言によれば「裾野が広ければ広いほど山は高くそびえる」とのことだ。S氏の脳内には、誤差や誤解、勘違いの裾野が渺々《びょうびょう》たる平原を成しているのである。

では、それほどまでにS氏に取り憑いた「究極の一冊」とは、いったいなんなのだろうか?

二、ドストエフ式

この小説は、いわゆる「文豪」が十九世紀後半に発表したいわゆる「古典的名作」のひとつだが、これほどまでに出版や本をめぐるフェティッシュを喚起させる作品も少ないのではないか。現在入手可能な邦訳文庫判で上下二巻もしくは三巻におよぶこの長篇小説の全文を、ざっと斜めに読むだけでも、本書の主人公たちが自分の生命を賭すかのようにして本やパンフレット、アジビラのたぐいを製作し、頒布しようとしていることがわかる。

たとえば、冒頭の数ページですでに、本作の狂言廻し的な役割を与えられている元大学教員にして「旧世代の自由主義者」(作品の最後で病死)は、青春時代のはじめにベルリンで劇詩を書いたことがあると暴露される。それは「筆写本の形で二人の愛好者の間に回し読みされ、ほかに一人の大学生が所持していた」もので、この作品の語り手の机の引き出しにも一部が納められているという稀覯本だ。この「旧世代の自由主義者」の息子である陰謀家(作中では最後まで死なない)は、前世紀のフランスの革命家たちを気取ってか、世界を揺るがすための檄文やアジビラをひっきりなしに書いては印刷することを、自分の生涯の仕事にしているかのようだ。

あるいはアル中の自称退役軍人（のちに焼死体で発見される）は、「馬上なるわが星に捧ぐ」をはじめとする愛の詩を綴ってはあちこちで朗々と読みあげるし、その退職軍人から求愛される、本作品中もっとも輝く女性のひとりである「社交界の気まぐれな令嬢」（のちにプロレタリアートの群衆によって撲殺される）にいたっては、資本にあかせて自分で起業し、出版業をはじめようと思い至る。熱く語られるかの女の企画の内容は、国内でおびただしく刊行される雑誌や新聞から記事を抜粋し、一定の方針に即して一冊にまとめ、その時代の思想、生活記録としても読むに耐える年刊誌にする、というものだった（筆者注――かつて一葉社から刊行されていた『活字から』みたいなものだろうか）。

その令嬢から協力者として白羽の矢を立てられたのは、ぴんと突き立ったつむじに特徴がある農奴の息子（のちに陰謀家グループによって殺害される）だったが、フランスの空想的社会主義者の影響で北米合州国に移住を試みたことすらあるかれは、かねて預かっていた陰謀家グループの印刷機を返却することと引き換えに組織からの脱退を認められていたこともあり、いちどは心が動いた令嬢からの誘いを断念する。いや、かれの抱えていた印刷機で、だれが、何を、いつ印刷したのか／しようとしたのかを追うことが、しばしば難解とされるこの作品を読み解くうえでの重要なメソッドになっているとすら思えてならない。

と、全三部からなる第一部の前半を瞥見しただけで、この作品が十九世紀後半に執筆されたとはとうてい思えない現代的な（そして未来予言的な）内容であることがわかるが、同時に、本作にとっては出版と本が重要な小道具であり、テーマとなっていることを読者は知る。現在では考えられないくらい、出版あるいは文字媒体が、かの女やかれにとって確信と可能性を孕んでいたのだ。そのことを証明するように、先述の農奴の息子が、書物から学んではすぐ実行に移してしまう自分たちの観念性を、自嘲まじりにこう語る場面がある。すなわち、「紙でできた人間なんです」（Люди из бумажки）。

――というように、S氏がここで語ろうとしている作品とは、誰もが知っているとおり、フョードル・ミハイロヴィチ・ドストエフスキーの『悪霊』（一八七三年）なのだった。ドストエフスキーのばあい、そもそもデビュー作の『貧しき人びと』（一八四六年）が往復書簡を駆使した中篇小説だったことを思い出してみれば、この『悪霊』が出版や本をめぐる物語だったとしても、なんの不思議もないのかもしれない。それはともかく、S氏の口吻を藉りてこの『悪霊』という長篇小説をひとことでまとめると、「世界文学史上最大の個性のひとり、ニコライ・フセヴォロドヴィチ・スタヴローギンが〈自分とは何か？〉をパンフレットにして世に問う物語」なのである。

では、ようするにS氏が自社のカタログの最後に掲げているという「究極の一冊」とは、もっぱら「スタヴローギンの告白」というタイトルで知られている「チホンのもとにて」という章のことなのだろうか？　それならすでに光文社古典新訳文庫から『悪霊　別巻』（亀山郁夫訳、二〇一二年）として、この「スタヴローギンの告白」の異稿三種を収めた文庫本が世に出ている。それどころか、そもそも前世紀の中葉には『スタヴロギンの告白』(一九三四年五月)と題して、神西清の名訳で作品社より単行本化されているではないか。この作品社版は(亀山訳の前掲書ではふれられていないが)、菊変判でノンブルすらなく、薄冊六〇ページほどの純粋造本ともいえる瀟洒なつくりで、これがスタヴローギン本人の意図したパンフレットの形態にもっとも近い。が、S氏が刊行を夢みてきた「スタヴローギンの告白」は、そうではなく、作中でスタヴローギンが「スタヴローギンより」と題してチホン僧正に読ませた「文書」の完全版のことなのである。

やや話が錯綜してきたので、S氏のためにもうすこし説明を加えておくと、この『悪霊』は、雑誌『ロシア報知』一八七一年一月号から連載がはじまったが、同年十二月号に掲載予定だったこの「スタヴローギンの告白」の章は、いわゆる「少女凌辱」とされる描写が問題となって、いちどページアップしていたにもかかわらず編集長の判断でカットされた。掲載に向けた作家本人の努力も実らず、連載も約一年にわたって休載となり、結局この章は陽の目を見ないまま、連載は翌七二年十一月号から再開、次月十二月号で完結した。続く七三年には単行本として刊行されたが、そのときもこの「スタヴローギンの告白」はオミットされたまま、作者の没後もゲラや原稿は未発見だったのである。

が、それからおよそ半世紀が経過したスターリン政権前夜の一九二一年になって、モスクワのアーカイヴからドストエフスキー本人が書き込んだ「告白」の校正紙《ゲラ》全十六枚のうち十五枚が発見され、ほぼ同時に妻のアンナが筆写したヴァージョン違いの「告白」の原稿が(最後が欠落した形で)

発見された。そのどちらもが一部を欠いているために、従来われわれが親しんできたこの章は、訳者や編者の判断で両者を突き合わせて補完したものだったわけだが、ようするにこの「スタヴローギンの告白」という世界文学でも屈指の一章の完全原稿は存在しないのである。光文社古典新訳文庫版に異稿が三種収録されているのは、そういう事情による。

ところで、さきほどちょっと触れたように、この「告白」はスタヴローギンが自分の悪――「本当の自分」をチホン僧正にさらけだす、という『悪霊』のクライマックスをなす部分である。だが、おもしろいことに、そのときかれは、それをチホンに口頭で語るのではなく、海外のロシア語印刷所で三百部だけ印刷製本して巷間にばら撒こうと考えていた「文書」で読ませるという手段をとった。スキャンダラスな自伝的エッセイ収載のパンフレットを、神の僕に閲読させたのである。しかし、「スタヴローギンより」と題されたこのパンフレットもまた、そもそも未完なのだ。三枚もしくは六枚あるという(ヴァージョンによって表記が異なる)校正紙の二枚目を、スタヴローギンは、わざとチホンに見せなかった。

「おや、脱けていますな?」チホンは紙をのぞきこみながら言った。「それ！　これは三枚目だ、二枚目でなければ」

「ええ、三枚目です。で、その……その二枚目のほうは、まだ検閲にかかっているので」スタヴローギンはてれかくしに笑いながら、早口に言った。

さて、ここでふたたびS氏に話題を転じると、かれが「究極の一冊」と呼んで憑かれたように自分の手で編集し出版したいと願っている「スタヴローギンの告白」に描かれた「スタヴローギンより」という「文書」は、右に述べたように、作者ドストエフスキーそのひとによって「謎」が設けられ、完全版なりオリジナルなりが存在しないことになっている。これを刊行する機会があるとすれば――自分で創作してしまうことは別とすると――それこそこれまで未発見だった「スタヴローギンの告白」一章分の完全原稿が、世界のどこかから発見されるのを待つしかない。

では、S氏の夢みる「スタヴローギンより」完全版は、ほんとうに夢まぼろしでしかないのだろうか？　この「究極の一冊」プロジェクトは、もはや実現しないのだろうか？

三、一つ目巨人の黄金時代

この未完のパンフレット「スタヴローギンより」には、欠落させられた二枚目に描き込まれていたかもしれない「少女凌辱」と呼ばれるシーンのほかに、非常によく引用される有名なエピソードが含まれている。

『悪霊』の連載に先立つ一八六七年（日本では「維新」の真っ最中）、ザクセン王国のドレスデン美術館に立ち寄ったドストエフスキーは、ここで「アキスとガラテア」（一六五七年）というクロード・ロランの絵画に魅了されるのだが、それがスタヴローギンの「文書」中で語られるのだ。かれはこの一枚の絵に、過ぎ去りし太古の「黄金時代」を幻視する。陽光に溶けるような水平線。穏やかに色を変える波打ち際。恋に恋するアキスとガラテアの束の間の、永遠の時間……。「スタヴローギンの告白」という章が掲載誌によって削除され、単行本にも未収録となったために、ドストエフスキーはこのエピソードを続く長篇『未成年』(一八七五年)、さらに散文集『作家の日記』収録の短篇小説「おかしな男の夢」(一八七七年)にも流用する。

おもしろいのはここからである。ドストエフスキーの表現に直接描かれているわけではないが、江川卓が『ドストエフスキー』(岩波新書、一九八四年)で指摘しているとおり、このいっけん平凡な風景画の画面右側、鬱蒼とした森林の中腹に、爛々と赤い目が光る一つ目巨人《キュプロクス》の姿を、われわれは確認することができるのだ。そもそもこの絵が捉えているのは、オウィディウスの『変身物語』に描かれているように、海の妖精《ニンフ》ガラテアが、一つ目巨人の執拗な求愛を避けて恋する美青年アキスと逢瀬を楽しむ、その一瞬間なのである。だが、めざとくこの逢い引きを見つけた一つ目巨人が投げつけた岩石によって、アキスはあえなく死んで河になる。つまり、スタヴローギンによって「黄金時代」と名付けられたこの瞬間とは、幻視された太古の幸福などではなく、やがて来たるべき奇蹟のあとを襲う不安と幻滅の予兆だと考えることもできるのである。

この「アキスとガラテア」という作品は、クロード・ロランの数ある風景画のなかでもそれほど傑出しているようには見えない。にもかかわらず、いっけん写実的かつ古典的に見えるこの絵には、「巨人族」というSF的要素が、いまここにはない未知の現実として濃厚に表現されていることになる。ロランのこの作品が、カール・カールスをはじめとするドイツ・ロマン派に評価されたことも故なきにあらず、だろう(あの現代日本を代表するロックバンド、RCサクセションが一九八三年にリリースした偉大なるライヴアルバム『THE KING OF LIVE』のジャケットを想起されたし)。

そして、しかし、話はそれだけではなかった。ドストエフスキーのドレスデン行と時期を同じくする一八六七年に発表された著作のなかで、この一つ目巨人に着目した表現者がいたのだ。——かれのまったくの同時代人、カール・マルクスである。

この思想家もまた、その主著『資本論』第一巻のなかでくりかえし「一つ目巨人」に言及する。マルクスはそこで、成人はもちろん未成年や児童にまで深夜十二時間労働を当然のものとして強いる大製鉄企業、あるいは連続四十時間労働に従事する鉄道労働者のような存在を、「一つ目巨人」と呼んだのだ(たとえば「一つ目巨人のような蒸気機関」はドイツ語で zyklopische Dampf-maschinen、英語版では cyclopean steam-engines と表記されている)。

マルクスがクロード・ロランの絵画に触発されてこのレトリックを用いたのかどうかもともかくとすれば(『資本論』はこの手の表現だらけでもある)、後進国ロシアと後進国ドイツが生んだ、十九世紀のもっとも重要な表現者二人によるこの寓意は、はたして偶然なのだろうか? おそらく偶然だろう。しかし、かれらは期せずしておなじ一つ目巨人を語ることで、二十一世紀の現在にもなお共有しうる危機意識をことばにしたのだった。かれらは幽冥たる神話的過去を、現代に通用する未来時制で語ったのだ。

では、やがて来たる幻滅の予兆と巨大産業とに変身を遂げた一つ目巨人による絶え間ない監視＝支配社会にあって、アキスとガラテアたちの日常や感性はどのように育まれうるのだろうか。この神話世界＝黄金時代から数千年を経た二十一世紀にもなお、ひとりのアキスは一つ目巨人による殺戮を、ひとりのガラテアはその恋人の誅殺を、ただ手をこまねいて待つことしかできないのだろうか。ドストエフスキーとマルクスは、それこそが現代の神話、資本主義の問題だと言うのである。

……S氏が「究極の一冊」として「スタヴローギンより」の完全版にこだわるのは、だから、出版企画に困って安易に「クラシック」を本にすればいい、と考えているためばかりではないのだった。

四、わたしも紙でできている

S氏はここまでを語り終えると、帰り支度をはじめた。そして最後を締めくくるように、こう続けるのだった。

すなわちS氏によれば、「共和国」での出版活動によって、スタヴローギンの「黄金時代」を、いま現代に出現させたいのだという。それが「共和国」という屋号のモティーフなのであり、スタヴローギンの語った「黄金時代」にこそ、現在、そして未来にいたるまでの世界の諸問題が集約されているのだ、スタヴローギンの「試み」こそ、この時代に「行き場」を失った絶望的な人間の孤独な闘いなのであり、わたしも及ばずながらそうやって自分なりにこの現実と向き合っていたいのだ、と。

さらに言い換えれば、本を作るくらいしかほかに能も取り柄もないS氏が、わざわざこの暗黒時代にあちこちに不義理をしながら貧しい「共和国」を興して、かれの赤かったり黒かったり曇っていたりする眼鏡にかなった本だけを出し続けているのは、欠落した「スタヴローギンより」の二ページ目を埋めるため、なのである。だからこのプロジェクトは、ドストエフスキー本人の完全原稿が発見されるまで、永遠に未完なのだ。しかし、かつかつながらもこの作業を持続させていれば、いつかきっとドストエフスキーとは異なる回路で「黄金時代」を実現させることができるのではないか、そう考えているらしい。なるほど。とはいっても、だけどそんなことはまったく妄想にすぎず、それこそ観念の一つ目巨人でしかないのではないか？　そもそも「黄金時代」ってなんだ？

そんなことで現実に出版社など維持できるのだろうか？

「まあよくわかりませんが、ひとつ言えることは、わたしも紙でできている、ということですよ」

それだけを言い残すと、S氏はドアを押して暗い廊下へと去った。

＊ドストエフスキー『悪霊』からの引用は、江川卓訳（上下、新潮文庫、二〇一四年）を用いた。

（共和国）

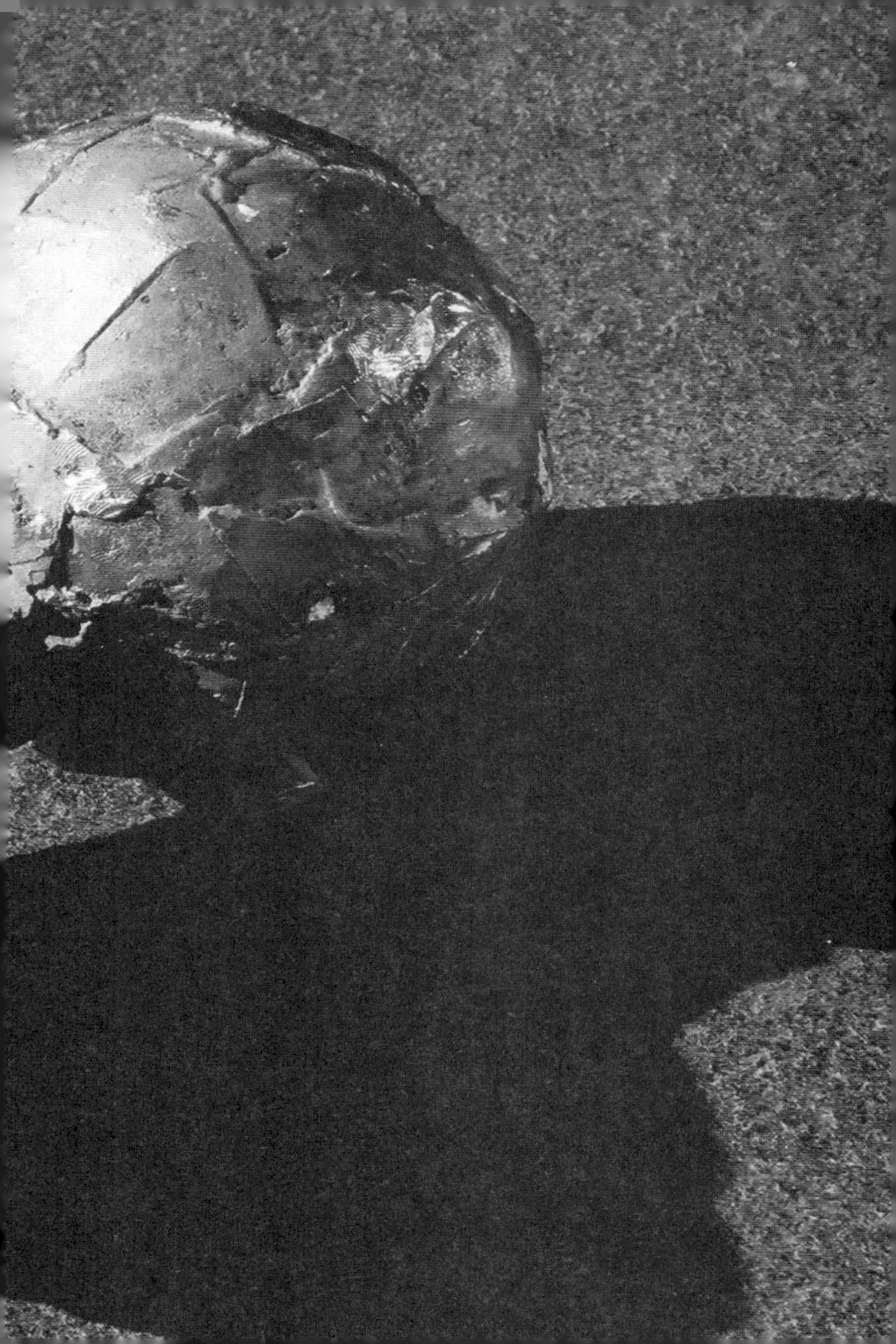

あいた口が塞がらない◎立花文穂

口をきいてくれないか
緑色の火の中でドロドロに溶けたブロンズが、型の湯口に吸い込まれる。砂でできた鋳型の中の湯道を廻りながらかたちの角角（すみずみ）に行きわたる。

真っ暗な函の中の一点の針穴の対面に光が四角に充足される感じ。見ているぼくの胸もぐっと熱くなる。

しばらくして熱が冷めていくと中でかちかちに固まっていく。型をとんかち叩いて粉々に崩すとブロンズのかたちが出現する。口から出まかせに出てきたいくつかの作品に「口（くち）ル」と命名してコンクリートで固められた四角い函の中にならべた。

言葉にならない文字。胎に籠った音にならない声。
・・・・

入り口がわからない
ぼくは、酔っぱらうと口煩くなる、らしい。
台の上のなみなみに酒が入った猪口を見て固唾を呑む。酒に吸い寄せられるかのようにとんがったぼくの口先のほうが、猪口に向う。酒を口に含むとカッと咽を焼いて食道を通って胃袋に流れ込む。あったまる。頭が回る。口を挟んで、口を出す。云云。かんぬん。
硝子のない水槽のような直方体の骨組みの中に球体が見える。

ねえ、きこえてます？

あれ、ここは何処だろう。

然然、耳に入ってこないよ。


（美術家）

パンク・ロックと新自由主義（1975-1989-2001-2016）

熊谷朋哉

「レコードはみな、手紙だった。ある人びとへの俺からの手紙だった。かつて小説や映画に宿った知性は、ロックをも摂取するだろうという悪しき望みを、俺は心に抱いていた」（ルー・リード、『メタル・マシーン・ミュージック』、一九七五年）

二〇一七年一月のパンクス

二〇一七年にパンク・ロックなどというものにこだわっている人間が、いったいどれほどいるものなのだろう？　大声でノー・フューチャーなどと叫ぶまでもなく、だれにとっても、すでに未来が崩壊しつつあるかに見えるこの地球上で。いまセックス・ピストルズのようなバンドがデビューしたとしても、人はほんの少し微笑するだけだろう。

二〇一六年末、ドナルド・トランプが米大統領選挙に当選した。以来、超大国のトップが変わることによる影響がどのようなものになるのか、だれもが不安げに状況を見守っている。トランプ自身の発言や人格についての報道も喧《かまびす》しい。伝えられている政策や実行には、すでに懸念はもちろん、反対の声も高くなっている。空気は確実に変わった。ひとことで言えば不穏さが漂い、すでに混迷しきった世界情勢がさらに予想のつかないものに感じられている。

わたしにとってこの感覚は、ベルリンの壁が崩壊したとき以来のものだ。トランプの登場によって、一九八九年以降のモードが大きく変化したように感じられてやまない。それはトランプがアメリカとメキシコ国境の「壁」云々を取り沙汰していたからというほどに単純な話ではないつもりだ。たしかにそのレベルでいってみても、当時といまの状況は正反対ではある。EUからイギリスが脱退するＢｒｅｘｉｔにはじまり、中東の戦禍、深刻な難民問題を孕みつつ、世界各国はそれぞれの国境を強調しつつあるかに見える。トランプは自国保護優先の経済政策を主張する。

一九八九年の際には、現在と同様に不透明さと不安がないまぜになりつつも、未来は明るいものになるだろうとのポジティヴな気配が濃厚だった。冷戦が終わり、東西分裂は徐々に解消され、世界は新たにひとつになるという希望が感じられたものである。

しかし、思えば、一九八九年以降、二〇一六年までの世界は、当時想像したほどに素晴らしいものであっただろうか？　もちろんよい面は多々あった。だが、本当にそうであったのならば、どうして、いま、われわれの住む世界は崩壊寸前に見えているのか。

わたしは、トランプをはじめとする変化の数々は、それが民主選挙による正当な手続きにもとづくものである以上、少なくとも人びとの意志のレベルにおいては、健全なリアクションであったと考える。わたし個人の支持不支持、そしてこの結果が実際にどうなるかはまた別の話だ。人びとは変化を選んだ。多くの人びとがトランプを選択し、ＥＵからの離脱を選択した。一九八九年とは正反対のベクトルである。ベルリンの壁崩壊以降、なにが変わり、人びとはなにを求めたのか。

わたしがここで考えてみたいのは、二〇世紀後半に世界を席巻したふたつの〝宗教〟の平行性である。その宗教に共通するのは、「自由」という旗印であった。ひとつはロックンロール。そしてパンク・ロックをその尖鋭形態とでもしておこう。そしてもうひとつは新自由主義である。

二〇一六年の変化は、新自由主義による統治の終わりのはじまりと考える。そしてその変化に応じて、いや、変化に先駆けて、パンク・ロックも、またパンクに限らず、知性と感性ある人びとによる時代を鋭敏にとらえる表現――それをいま、改めて「文化」(!)と呼んでみたい――も、新たな局面を見せるだろう。なにが変わり、なにが終わり、そしてなにがはじまるのか。このふたつの〝宗教〟がつくり出したモードの流れを、少しばかり辿りなおしてみよう。

その起源は、ともに一九七五年にある。

ロックンロールはキリスト教よりも

「人類の歴史上、古代エジプトにおけるファラオの神格化以来、ヨーロッパおよびアメリカの若者たちが『ロック・スター』に捧げた信仰に比べられるものなど何も存在しなかった」(ミシェル・ウエルベック(『素粒子』、野崎歓訳、筑摩書房、二〇〇一年)

「私は、キリスト教以来、ロックンロールがもっとも普遍的なコミュニケーションのかたちであると固く信じている」（パティ・スミス、『メロディ・メイカー』、一九七八年三月）

ロックンロール、そしてパンク・ロックは、第二次世界大戦後、西側世界の若者に対して、まさしく宗教としか言い得ないほどの力をもった。一九六六年にジョン・レノンが「いま、ビートルズはイエス・キリストよりも有名だ」と述べて大騒ぎを引き起こしたが、[※1]それはまったく間違いのない事実であった。音楽は、そしてロックンロールは、メディアも未発達であった当時、若者たちに唯一、グローバルかつリアルタイムに近いスピードで伝播するメッセージだったのだ。その影響力はまさしく巨大だった。

それはただ単にポップ・ミュージックであっただけではなく、ファッション、哲学、政治、ドラッグ……あらゆる面で、戦後生まれの世代のライフスタイルに決定的な影響を与えるものだった。一九六八年の学生運動は、ザ・ビートルズやローリング・ストーンズらの存在なしには考えることができない。そして、その次の大きなムーヴメントが七〇年代中盤からのパンクだった。それはその後ニュー・ウェイヴやノー・ウェイヴと呼ばれつつ、さらに広汎またはハードコアなものになり、ヒップホップへの展開がつづいた。音楽が、若者の生活のなかでもっとも大きな意義をもっていた時代のことである。

いまもその影響のもとにいるわたしは、一九七四年に生まれた。思春期にロックンロールやパンク・ロックに出会い、その衝撃と影響下のままに編集やプロデュース、執筆に携わっている。当時出会った音楽から学んだすべてをもとに、ここまで生きてこられたということは、まったく誇張ではない。さまざまな判断も、人づきあいも、読書も、ビジネスも、時間の過ごし方も、暮らしのすべての基礎に、一〇代に出会った音楽を見出すことができる。もちろん着るものも同様で、パンクの定番だった黒のスリムパンツだけを履いて、大人というか、いまでは年齢だけは中年になってしまった。もしかすると、客観的にはかわいそうな人の部類に属するのかもしれない。

パンクに関しては忘れられないことがある。大学入学のために上京した一九九三年のことだった。当時は八九年にデビューしていたレニー・クラヴィッツが大ブレイクを果たし、ファッションも音楽もレトロ・ブーム真っ盛りだった。街にはラッパズボンというか、フレアーパンツを履いている人が溢れ、まるでタイムスリップした感覚とともに、東京はどうして昔の人ばかりなのだろうと思わされたものだが、実はそういう自分のほうが昔の人だった。故郷にレトロ・ブームが届く前に、わたしは一種の様式パンク・ファッションのまま東京に出てきていたわけである。周回遅れのそのまた周回遅れ、当時、この状況をなんと形容すべきかが、わたしにはわからなかった。

裾拡がりのパンツばかりのなかで細身の黒パンツのわたしは文字通りに肩身と裾が狭く、実に寂しい思いを味わった。パンクはそもそも周囲に対する否定《ファック・オフ》が基本方針である。周囲に流されず自分であれ。そういう意味では立派なパンクだったわけだが、しかしそれにしても、周囲はこちらにどうしてそんな昔の格好しているのかと素直に訊ねてくるのだから、否定のしようもないというか、否定されているのはどちらかというと明らかにこちらだった。最初から否定されているものが否定の姿勢を見せても、独りよがりにすらならないではないか。

そうか、パンクが置かれた状況は甘いものではないのだな。わたしはこれからパンクとして、どうやって生きていこうか。しかし、やはりラッパズボンは履くことができない。

本稿は大げさなタイトルにもかかわらず、当時の哀しみと戸惑いにすべての端を発していることを、前もって告白しておきたい。

あの違和感と辛さから四半世紀、世界もわたしも徐々に、しかし大きく変わり、そろそろ冷静に語ることが可能に、そして語らねばならないときがやってきたようだ。

いまではあのとき抱いたタイム・スリップしたような感覚に名前をつけることができる。レニー・クラヴィッツ、そしてあのフレアーパンツは、ただのリヴァイヴァルではない。あれは歴史の流れが直線的なものではなくなった顕われであり、世界が資本をベースに平均化される顕われであり、つまりはポストモダンの一般化の顕われであり、レニーは一九八九年に世界が変わったことを体現する存在だったのだ。そしてわたしは、モダンな価値観にしがみついたままだった。

ふたつの宗教をめぐって　ニューヨーク、一九七五年

「わたしには強い信念がある。自由は、ただわが国から世界への贈り物であるのではない。自

由とは、世界のすべての男女への神の贈り物なのだ。地球上のもっとも偉大な国であるわれわれには自由の拡大を助ける責務がある」(ジョージ・W・ブッシュ大統領、二〇〇四年四月一三日、進行中のイラク戦争についての記者会見)

ロックンロールという大戦後の若者の宗教とともに、もうひとつの〝宗教〟をここで提示しておきたい。新自由主義である。ネオリベラリズムとも言われるが、起源としては戦後の一九四七年、経済学者のフリードリヒ・ハイエクらを中心としたモンペルラン・ソサエティーに端を発する。自由経済とその発展を旗印に、すべてを市場経済の力に任せ、国家権力の市場への介入を(ひとまずは)嫌い、公的サービスの民営化と私有財産化を進め、個人の利益の追求を最善とする。この考え方は、その後の政治・経済界のドクトリンとなった。「ワシントン・コンセンサス」としても知られている。

選択と集中、官から民へ、小さな政府、自由な経済主体による合理性……といったスローガンとあわせ、宗教というより、いまではもはや経営や企業統治における「真理」とすらされていると言えるかもしれない。日本でも、とくに小泉政権以降、その実態と結果の善し悪しはともかく、この宗教の影響下にある施策が数多く実施されている。

その特徴をひとことでいえば、金の下の平等である。金もちは力をもち、金のないものは生きることもできない。だれもが自己努力によって成功すべきだが、失敗もすべては自己責任。国家は国民を助けず、人は人を助ける義務をもたない。すべてのインフラはビジネスに最適化されるべきである。資本主義のロジックを、文字通りに尖鋭化させたものといえるだろう。

この考え方による経済施策がはじめて大規模に実施されるきっかけは、一九七五年のニューヨーク市財政危機だった。

長年巨大な赤字に苦しんでいたニューヨーク市の財政が、この年に事実上倒産した。フォード大統領は国としての財政援助を拒否し、シティバンクがその対策と救済にはいった。なされたのは市の労働組合の弱体化、公務員の雇用削減、社会インフラや福祉の削減である。教育、公衆衛生、交通サービスの予算は大幅に減らされ、ニューヨーク市立大学でははじめて授業料が導入された。※2

同時に、ニューヨークを企業活動にとって良好なビジネス環境にするために、市場としての環境整備が凄まじい勢いでおこなわれる。それまでの公共資源はビジネスに最適なインフラとなるべく私企業に開放され、住民の公的サービスは無視もしくは著しく削減された。経営者層や既得権層への利益の集中が起き、労働者の身分保障は流動的なものとなった。金融機関の権力は増大し、既得権層は富有化したが、一般ニューヨーク市民の生活水準は低下した。貧富の差は拡大の一歩を辿ることになる。

その後、経済危機を受けた同様な施策としての「リコンストラクション」が、イギリスでもサッチャー首相（在任期間一九七九〜九〇年）によって強硬に実行される。さらにベルリンの壁崩壊、ソ連崩壊以降の一九九〇年代には、このアメリカ型新自由主義施策がひとつのパッケージ政策として、

IMFや世界銀行とともに、南米、東南アジア、韓国、そして日本でも進められることになる。いわゆるグローバリゼーションの拡大であり、冷戦後の世界は、自由の名のもとに、資本主義の旗のもとで経済統一がなされるかのように思われた。それが悪いことばかりだったと言うことはできない。だが、財政危機後のニューヨークはどうなったのか。

デヴィッド・ハーヴェイは書いている。

「ニューヨークの労働者階級とエスニック系移民は背景に押しやられ、一九八〇年代には人種差別とクラック・コカインの爆発的流行でいっそう荒廃させられた。そのせいで、多くの若者は死に追いやられたり、投獄されたり、ホームレスになったり、さらにはエイズの流行によっても打ちのめされた。暴力犯罪を通じた再分配が貧しい人々にとって数少ない現実的な選択肢になった」(『新自由主義　その歴史的展開と現在』、木下ちがやほか訳、作品社、二〇〇七年)

二〇一六年の米大統領選でも存在感を見せた元市長、ジュリアーニが洗う前のニューヨークの光景である。そしてパンク・ロックが生まれたのは、そのようなニューヨークでのことだった。

パンク・ロックの起源を正確に記述することは難しい。しかしながらそれが一九七〇年代中盤、ニューヨークのアンダーグラウンドで本格的な胎動があったということに異論はなかろう。ニューヨーク・ドールズというチンピラに近いバンドが、グラム・ロックのようなルックスで、※3 ラフなロックンロールを歌い捨てていた。そのバンドになにか新しいものを感じて売り出そうとしていたイギリス人がマルコム・マクラーレンである。ドールズはうまく行かなかったが、マルコムは次にリチャード・ヘルに目をつけてロンドンで仕掛けようとした。ヘルはよりパンク的なスタイルをオリジナルなかたちでつくりだしていた存在だったが、目論見は再度失敗する。

その後、ヘルのスタイルを参考に、ファッション・デザイナーのヴィヴィアン・ウエストウッド周辺に集まっていた若者たちを中心にセックス・ピストルズを仕掛け、ようやく成功を果たす。それからパンク・ムーヴメントが世界的なものになったというのが、ニューヨークとロンドンを跨ぐ、パンク・ロック発祥の大まかな物語である。

もともとリチャード・ヘルはニューヨークで、トム・ヴァーレインとともにテレヴィジョンの原型となるバンドで活動していた。その後に彼らは袂を分かち、ヘルがリチャード・ヘル&ザ・ヴォイドイズとして、ヴァーレインがテレヴィジョンとしてそれぞれデビューする。ヴァーレインの恋人だったパティ・スミスも、自らのグループを結成していた。そのパティもいまではボブ・ディランのノーベル賞授賞式で、ディランの代理としてパフォーマンスをするほどの存在となった。

こちらニューヨーク勢は詩やアートとの関係において、ロンドン勢に比べて「文化的」だった。この下地となっていたのが、アンディ・ウォーホルを中心にするニューヨークの地下コミュニティであり、ルー・リードやジョン・ケイルらによるヴェルヴェット・アンダーグラウンドはもちろん、そのリストにはウィリアム・バロウズ、スーザン・ソンタグらの名前を連ねることができる。

一九七五年のニューヨークから見て興味深いのは、パンクがアメリカ、イギリスでのみ隆盛を見せたことである。フランスやイタリアにもパンクは存在したが、そう大きな影響力をもつことはなかった。単純に言えば、パンク・ロックは、この時期の新自由主義経済下でのみ、発達を遂げたのである。

これはなにを意味するのか。

パンクは、すぐれた表現がいつもそうであるように、新たな時代が訪れたことの報せであり、それに対する反応であり、徴だった。そして、その新たな時代とは、「自由」が変質を見せていた時代のことだった。

私はヴィヴィアン・ウエストウッド/セディショナリーズのボンデージ・パンツを思い出す。その両脚は文字通りに結びつけられていた。

いくつかの自由のなかで

「自由とは、もう失うものがないということ　でも自由じゃなかったら、そもそもなにもはじまらない」(ジャニス・ジョプリン、「ミー・アンド・ボギー・マッギー」)

「おまえの夢はたかが買い物の計画だ　だから俺はアナーキーになりたいんだ」(ジョニー・ロッ

トン、「アナーキー・イン・ザ・U．K．」）

パンクの出現は、ヒッピー・ムーヴメントに象徴される、オールド・ウェイヴへのアンチテーゼでもあった。長髪ではなく短髪、花柄のブラウスではなく鋲付きのレザージャケット、フレアーパンツではなくスリムパンツ。

一九七〇年代中盤、ジャニスが歌っていたように、なにももたないことの自由を謳歌できるような世界は消えつつあった。しかし、パンクが自由を捨てようとしていたはずはない。少なくとも最良の部分において、それは直感的、または生理的になされた時代への批評であった。新たな時代がやってくる。パンクはオールド・ウェイヴののんきさに我慢がならなかったのだ。自由と口にしているだけで、本当に自由になれるのか？　この新たな時代の空気のなかで？

ジョニー・ロットンのこの歌詞は象徴的である。新自由主義的なものに対する反発ともいえる。消費に興じ、失うことの自由すら失い、フラット化した資本主義的状況のなかでそれに満足する者たちに「アナーキー」として違和感をぶつけたい。この想いは、たぶん、二〇一六年にトランプやＢｒｅｘｉｔに投票した人びとの心理に遠くはない。そう言えばきっとロットン（現ジョン・ライドン）は気を悪くするだろう。しかし私見では、ピストルズをはじめとするパンク的表現の成功と失敗のすべては、この約四〇年間に大きく変わった部分とまったく変わらない部分をあわせもつ、そのようなマス的心理・土壌とのあいだの距離感と共依存を含めた微妙な関係性にある。

新自由主義的状況とパンク的表現の関係性は、それがポップミュージックである以上、少々繊細で、また皮肉なものとならざるを得なかった。マスへの同一化を避けつつも新たな道を模索しつづけるか、それともたかが歌、たかが音楽、すべてはファッション、すべてはスタイルとビジネスと開き直るか。ロットンはパブリック・イメージ・リミテッドで前者の方法論を採り、そしてたとえばザ・ジャムのポール・ウェラーは後者の道を採ったといえるのかもしれない。パンクを標榜することを捨て、純音楽主義へと自らの道を定める者も多かった。

「自由」の変質に意識的だったのは、音楽家たちだけでも、経済・政治関係者だけでもなかった。一九七〇年代中盤から八〇年代にかけては、「自由」について、各方面からの検討が相次ぐ時期でもあった。たとえばレヴィ・ストロース、ミシェル・フーコーらに代表される構造主義は、わたしたちの自由や意識がいかに状況に限定されたものであるかを明らかにした。

「私たちは自分では判断や行動の『自律的な主体』であると信じているけれども、実は、その自由や自立性はかなり限定的なものである、という事実を徹底的に掘り下げたことが構造主義という方法の功績なのです」(『寝ながら学べる構造主義』、内田樹、文藝春秋、二〇〇二年)

また、経済学者であるカール・ポランニーが再び注目されたのもこの時期だった。これは新自由主義の隆盛に対する、一種の警戒だったように感じられる。

「複合社会では、自由の意味は、行動への動機がやむにやまれぬものであればあるほど、それだけ矛盾と緊張とをはらんだものになる。自由には二種類あり、ひとつは良いものでもうひとつは悪いものだ」（『大転換　市場社会の形成と崩壊』、カール・ポランニー、東洋経済新報社、一九七五年）

ポランニーのいう悪い自由は、次のようなものだ。「仲間を食い物にする自由、コミュニティにふさわしい貢献をしないで法外な利益を得る自由、技術的発明を公共の利益に供しない自由、私益のために密かに画策された公的な惨事から利益を得る自由」（同書）。しかし一方で、よい自由についてポランニーは語る。

「こうした自由を反映させた市場経済は、われわれが大いに重んじる自由もつくりだした。良心の自由、言論の自由、集会の自由、結社の自由、職業選択の自由がそうだ」（同書）

市場経済は、よい自由もつくりあげた。市場も自由も、二者択一ができるほどに単純なものではない。ここには市場経済と自由の関係性の指摘とともに、新自由主義下にあるパンクの表現が、一種の両義性を見せることの根拠を見ることができるだろう。

さらに一九八三年、カリフォルニア大学で興味深い実験がおこなわれた。神経心理学者であるべンジャミン・リベットが、自主的に身体を動かそうとする際、意識と身体のどちらが先に動くのかを計測しようとしたのである。つまり、体内の自由意志のあり方が明らかになったのだ。

結論からいうと、身体を動かそうという意志を確定するよりも先に、脳は身体に電流を流しはじめる。その時間差は最低でも五〇〇ミリ秒。わたしたちは、一般的に感じられるように、自由に意志を定めて「こうしよう」と意識してから、身体を動かすのではない。筋肉の動きと、動かそうという意志感覚発生のタイミングは脳内で同時に生じているが、身体を動かすという信号が先に身体に届き、その後、脳は身体を動かそうという意志を意識する。

つまり身体が意識よりも先に動きはじめ、その動きのあとで、「身体を動かせ」という自分自身の意志/命令を認識し、「私が自分の意志でこの動きをしようとしたのだ」という感覚をもつ。脳科学者のクリストフ・コッホは、この「意識的に感じる自由意志」を自己主体感と名づけている。

この実験結果を乱暴にこちらの問題意識に引き寄せてみると、パンク・ロック(のみならず、すぐれた身体表現全般――もしかしたらお笑いも)のコアは、この身体と意識のあいだに横たわる五〇〇ミリ秒の自己主体感にある。意識より先に動く身体の電流をいかにしてかたちにするか。パンク・ロックは、メロディをなぞって声を出し歌おうという意識下にあるとき、ただの「歌」へと即座に堕する。パンクに限らず、ロックンロールをカラオケで歌うときの陳腐さと無惨さはここにある。

そしてさらに興味深いのは、構造主義同様に、このリベットの実験が、自由というものについての常識を覆すものであったことである。完全な自由意志と思っていたものが、実はさまざまな、身体を含む条件に縛られるものであったということ。新自由主義が蠕動《ぜんどう》をはじめ、パンク・ロックが古典的な自由へ異議申し立てをおこなった一九七〇年代から八〇年代初頭は、さまざまな分野でわれわれの自由に再考が迫られた時期でもあったのだ。

ベルリンの壁崩壊、そして9・11

パンク・ロックは一九八〇年ころから急速な失速を見せた。パンク・ムーヴメントを担ったバンドたちは、それぞれ独自の道を進んだ。ひとことでいえば新自由主義が音楽業界により浸透するなかで、なにかを破壊し、傷つける表現をおこなったことへの落とし前を、だれもがそれぞれに支払わなければならなくなったのだ。「敵」はそう長く目の前に存在しつづけるものではない。

ある者は破壊対象を探しつづけ、自らの音楽自体も破壊した。ある者は破壊をおこなう自分自身を破壊し、すべてを肯定する者となった。ある者は破壊自体を一種のエンタテインメントと化した。ある者はほかの要素を自らに付加していくことで、破壊の楽しさを新しさへと転化させた。ある者は破壊のなかから「音楽」を取り出すことに没頭した。ある者は破壊などなかったかのように、そのスタイルをひとつの芸として純化させた。なかにはそれなりに豊かな結実もあった。その一方、音楽業界は一九八〇年代、ＭＴＶ等の発達にあわせ、巨大な拡大を見せていた。

ちなみに金融業界においても同時期は、「ロアリング・エイティーズ（狂熱の八〇年代）」と言われ、空前の好景気と拡大を見せていた。とくにアメリカの新自由主義的政策が、少なくともその業界においては成功を見せていた。

そして一九八九年のベルリンの壁崩壊、そしてソビエト連邦の崩壊は巨大な出来事であった。それは、ひとつの緊張状態／抑圧の緩和だった。冷戦が終わり、ひとまず全世界核戦争の恐怖は遠ざかった。キューバ危機や核軍拡競争のもたらす緊張感からはひとまず解放された。そしてこれは、世界がひとつの巨大な市場として完成したということでもあった。

この空気の変化によって、さまざまな表現が変化を見せた。音楽に限らず、あらゆる表現においてそれは見られるはずである。私見によってパンク・ロックを壁崩壊以前／以後で線を引いてみれば、ザ・ピクシーズが壁崩壊前のオリジナル・パンク・ロックの最終ランナーである。そして、ソニック・ユースが大資本のメジャー・レーベルと契約してリリースした「Ｇｏｏ」が、壁崩壊以後を象徴するアルバムである。

興味深いことに、ロックンロールはここでストレートな進化を止めたように思える。その点では、過去のロックンロール、パンクとハードロックのおいしいところをサンプリングしたかのようなガンズ・アンド・ローゼズの成功と失速、そして黒人ハードロック・バンド、ザ・リヴィング・カラーによる一九九〇年の「エルヴィス・イズ・デッド」は象徴的なものだった。そして同時期、確信犯的なリヴァイヴァリスト、レニー・クラヴィッツが登場して大ブレイクを果たし、わたしという日本の田舎から出てきた出遅れパンクスを傷つける……。

一九九〇年代は音楽の世界でいえば、奇妙にカオティックな時期であった。進化を止めたロックンロールは、まさしくポストモダン的な、過去の遺産の再利用／再構築やネタ合戦の時期にはいる。「音楽そのもの」「歌そのもの」への回帰が見られたのもこの時期だ。しかし、それがリヴァイヴァルなのか、音楽や歌自体のもつ魅力そのものの発見なのか、区別をつけるのは困難だ。たぶんその両方なのだろう。先のソニック・ユースのアルバムで採りあげられたザ・カーペンターズが復権したのはその象徴だった。

一方、金融経済はＩＴの発達、金融工学における新技術の開発にともない、さらに爆発的な発展を見せる。日本においても新自由主義的価値観の浸透が見られたのはこの時期である。金融ビッグバンが謳われ、バブル期の不良債権処理がおこなわれ、その後の「失われた二〇年」がはじまる。

そして二〇〇一年九月一一日、アメリカ同時多発テロが発生する。テロリストの意図はいざ知らず、金融経済の象徴への攻撃の背景に、新自由主義に対する反感の高まりが存在していたことは容易に想像ができる。樫村晴香は書いている。


「彼ら（編注　テロの犯人）が耐え難いと考えているものは、私たちがそう考えるものと同じであり、他人を蹴落とすことを自分への挑戦だと考える類の信仰である」（「ストア派とアリストテレス・連続性の時代」、樫村晴香、二〇〇一年、『批評空間』）

わたしにとって印象深いのは、当時のブッシュ大統領が、これを「自由」そのものへの攻撃と述べ、自分たちは善良さと公正さとを前進させると語る姿だった。ここには、アメリカを動かしているロジックが相対的なものであるとの意識はない。自分たちが絶対に正しい側にいるという揺らぐことのない確信。この認識はその後のイラク戦争に際してもまったく変わることなく、むしろ、イラクに攻め込むことの理由となった。

「われわれのうちのだれもが、この日を忘れることは決してないでしょう。しかしわれわれは、われわれの世界の自由と善良さと公正さを前進させるのです」（ジョージ・W・ブッシュ大統領、二〇〇一年九月一一日、同時多発テロ事件を受けての演説）

この大惨事が起きた夜、攻撃を受けたニューヨークに住む、すっかり音沙汰のなかったロートル・オリジナル・パンク・ロッカーが、ぼそっと呟いているのをわたしは発見した。

「でもよ、勘弁してくれよ、なんでこんなときに俺たちの大統領が猿なんだよ？　テロからだけじゃなく、ヤツからも俺らを救ってくれよ」（リチャード・ヘル、二〇〇一年九月一一日）

世界は「終わりなきテロ」と戦いつづける時代にはいった。リチャード・ヘルは、図らずも、この時期を境に文筆家としての活動を活発化させていく。

ポスト新自由主義以降の自己主体性

二〇〇一年以降の流れについては、だれもがいまも記憶に新しいだろう。イラク戦争が起き、環境問題は深刻になり、リーマン・ショックが起き、日本では東日本大震災と原発事故が起き、シリアでは内戦が拡大し、世界的に難民が溢れ、アメリカの上位八名の富豪が世界人口の半分ほどの資産をもつ。冒頭に書いたとおり、世界は崩壊しつつあるかのように見える。足下を見ても、日本における自殺者は年間に三万人超。戦争をしているようなものである。

二〇一六年、そんななかでイギリスはEUからの脱却を決め、トランプが大統領選に勝利した。それを受けて、パンク以降のノー・ウェイヴ、ニュー・ウェイヴの仕掛け人としても活躍したブライアン・イーノが、ギリシャ前財務相ヤニス・ヴァルファキスに宛てて書いた一文が公開された。

「ポスト・リベラルの世界にようこそ。トランプは目覚まし時計だ。これでEUの二〇二五年民主主義運動が目を覚ますだろう。悪くない。リベラルアメリカは自らの姿を厳しく見直すことになるだろう。いい機会だ。ここしばらく知識人は政治について関わることを忌避していた。

しかし、今回ほど政治／未来について、みなが意識／議論したことはない。トランプの当選がまったくの人民革命であり、裏で糸を操る陰謀が存在しないことを示したのも大きい。トランプ勝利を、(タカ派の) FOXですら驚いていたくらいだ。みんなが落ち込んでいることは知っているが、ぼくはあまり落ち込んでないよ」(ヤニス・ヴァルファキスのサイト、筆者による抄訳、二〇一六年一一月九日)

もしかするとこの内容は楽観的に過ぎるのかもしれない。トランプ、そしてその組閣の顔ぶれを見る限り、わたしはこれからのアメリカがどのように動くかを不安なく予想することができない。しかしながら、それでもイーノの発言に納得させられる部分が大きいのは、そして、二〇一七年のはじまりにどこか風通しのよさを感じるのは、いったいどういうことなのか。

多分にこれは、新自由主義がつくりあげた世界状況についての拒否の存在が明確になったことへの安堵感である。そして、一九七五年にはじまり、一九八九年に完成した、新自由主義モードが明らかに陰りを見せはじめていることへの期待である。

前述の通り、トランプやイギリスのEU脱退が、少なくともわたし個人にとって望ましい結果となるかどうかはまったく不明瞭である。もしわたしがアメリカの選挙権をもっていたとしても、トランプに投票したとは思えない。

それでも、ここしばらくで今日ほど未来への希求を明確に感じさせる時期はなかった。このような状況下、新自由主義下で生まれた表現としてのパンク・ロックは、どのような意義と変化を見せるだろうか？　改めて考える。二〇一七年、パンクスは、どう生きるべきか？

本稿ではパンク・ロックと新自由主義の微妙な関係性をいささか乱暴に辿り直してみた。音楽を語ることに他ジャンルをもち出すことの野暮を痛感しつつ、それでも強く考えさせられるのは、いまこそ改めて新たな「自由」をめざしてみたいということだ。

ジャニス・ジョプリンの歌ったもたざるものの自由から、そして高度な金融システムに縛られてしまった自由を経て、意識できないものに縛られている自由を意識し、ポランニーのふたつの自由を知り、さらにリベットが証明した意識に先立つ身体反応を信じつつ。

自由を、改めて求めてみたい。そしてそのことを勧めたい。これは、わたしたちの「文化」への期待である。

パンク・ロックのみならず、すぐれたミュージシャンやアーティストはもちろん、わたしたちのなかの「文化」人たちは、意識しているかどうかにかかわらず、時代の空気を先取りし、すでに新たに身体を動かしはじめているはずである。その鼓動と振動に耳を傾けてみたい。

この世はすでに崩壊寸前であるかのように見える。しかし、もしも未来に、人類史がもうほんの少しだけでもつづくことに唯一希望をもつことができるとすれば、同時代を生きる「文化」人たちに期待するほかはない。そこにしか絶望の先はない。二〇一六年の巨大な変化を経て、これからどのように未来を指し示す表現が生まれるのか。願わくば、希望の扉が開いたかのような感覚が、一時の錯覚ではないことを。答えは、これからつくられる歴史に委ねられている。そして、その担い手はまちがいなくわたしたちであるはずだ。パンクス・ノット・デッド。

(編集者/プロデューサー/執筆)

※1　この発言を報道したのは、アンディ・ウォーホル周りの「スーパースター」であり、ドアーズやMC5を発掘したパブリシストであり、ラモーンズのマネジャーであり、現在では写真家として活動するダニー・フィールズである。

※2　二〇一七年、ニューヨーク州は全米ではじめて公立大学の授業料を無料にすると発表した。

※3　当時ニューヨークに滞在していた写真家、トシ松尾が撮影したニューヨーク・ドールズの写真が、彼らのアルバム・ジャケットとなった。

手づくりデザイン

ヤスダユミコ＋武藤雄一

大地の実のパンたちは、いつも焼きたて。

だから、大地の実のパン袋もいつも、つくりたてにならないか、って考えた。

　横浜の日吉にある天然酵母のパン屋さん「大地の実」。「パンは、いつもちょっとの焼き加減で、味がちがうんですよ」と、ご主人の氏家《うじいえ》さんはニコニコ笑います。パンの種《たね》である天然酵母は生き物なので、調子が毎日ちがう。だから酵母でつくるパン生地の柔らかさも毎日、少しずつちがいます。それから大きさやカタチ（たとえば角があるのか、デコボコなのか、丸いのか）によってもパンの焼きあがりは、かわってくる。そんな手づくりの微妙な焼き加減のちがいを袋にもあらわせないか、と考えて生まれたのが「できたて笑顔」の袋です。手にもつ部分のヒモが輪郭になっていて、手をはなすたびにちがう顔ができる。曲がったり、細くなったり、丸かったり……。いつもできたての笑顔です。話は少し脱線しますが、私たちの仕事の多くは精密な印刷機で、均一に正確に印刷しています。一枚一枚、仕上がりがちがったパッケージになってしまったら不良品とされ、もう一度刷り直すことになります。でも、昔のパッケージや印刷物がいいなぁと思う気持ちが、いまもどこかに残っています。微妙に色がずれていたり、線が太くなっていたりする。そこにはつくった人がいることを感じられた気がしました。大地の実のパンの袋はそんな味をちゃんと出したいと考えました。だって氏家さんのつくったパンは一つとして同じものがないからです。氏家さんのパンと同じような袋を、つくりたいと思いました。

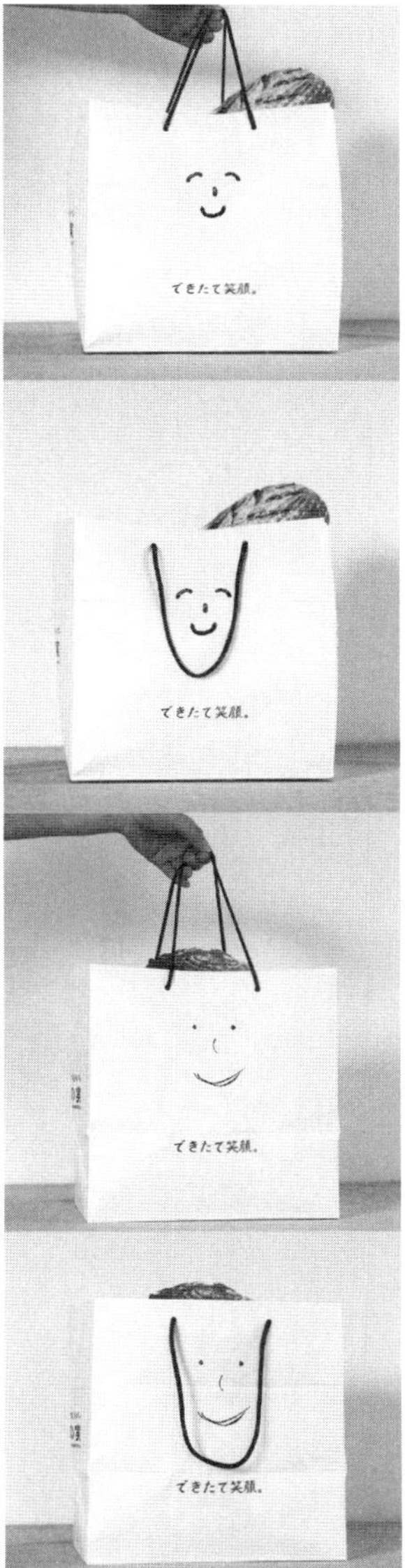

できたて笑顔のパン袋は、ガリ版印刷でつくりました。「ガリ版ってなんですか?」と思う昭和四〇年以降生れの人のために、暴力的に、雑に説明します。コピー機が一般普及する前の話。「学校からのお知らせ」「今月の給食」「試験の問題」など生徒たちに配られる紙は、職員室で先生方がガリ版で印刷したものでした。ガリ版印刷機は、原稿であるロウ原紙を貼るスクリーン(網になっている)と、印刷用のきれいな紙を乗せる印刷台の二つでできています(この二つは上の部分が留め金で固定されていて、ワニの口のように開きます)。

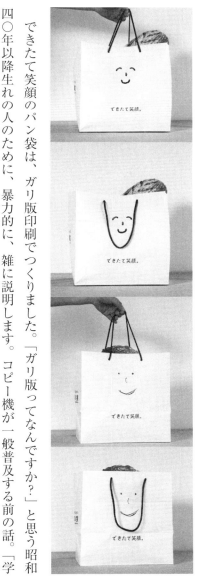

一　鉄筆（鉄でできた細いペン）で、ロウ原紙（表面にロウが塗られているうすい和紙）をひっかくように、文字をガリガリと音を立てながら書く（書いた部分のロウだけがけずられます）。
二　スクリーンに書き上げたロウ原紙を貼る。
三　印刷台に白紙のきれいな紙をセットする。
四　ロウ原紙を貼ったスクリーンを印刷用の白紙に重ねる。
五　スクリーンの上で、インクのついたローラーをコロコロと転がす。
六　ロウ原紙のロウが削られた部分からインクが紙に落ちて完成！
つまり、カンタンな卓上印刷機です。シルク印刷の元祖のような感じです。ローラーの力加減や、刷っていくうちにロウ原紙がヘタっていくので、一枚も同じ印刷物がない。なんか、生き物のような感じです。その微妙なちがいが、大地の実の手づくりパンと、とってもあっていると思いました。

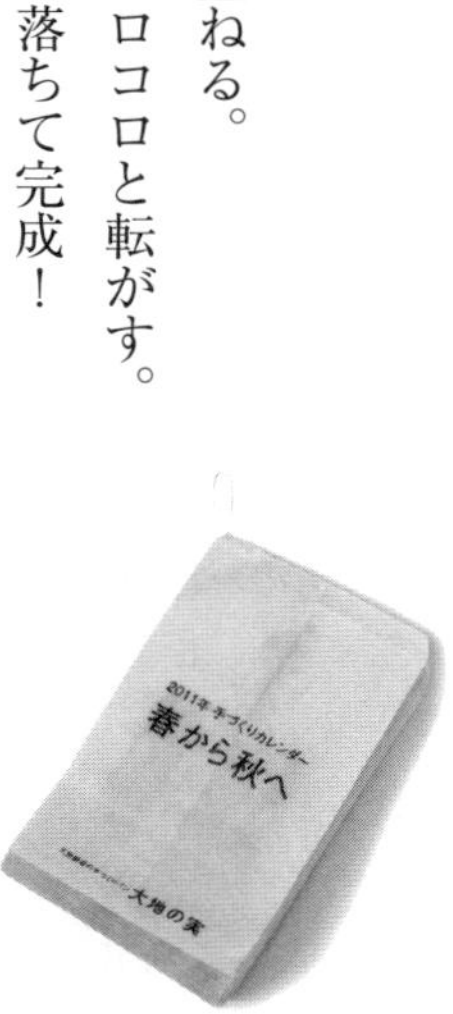

ピッピピッピッ。ご主人がパンを入れる袋を一枚ずつとっていくのが、
日めくりカレンダーのように見えたから、
日めくりカレンダーのパン袋をつくった。

　パン屋さんは焼きたての幸せの香りが満ちていて、その魔法でついパンを買いすぎてしまう……。
「大きくなったらパン屋さんになりたい」という夢をもつ子がいます。でも、実際のパン屋さんは夢物語とちがい、とてもハードな仕事です。朝四時にお店へ。毎日機嫌がかわる天然酵母の種の様子を見て、その日のパン生地をどうつくっていくかを考える。同時に焼きそばパンの焼きそば、カレーパンのカレー、そのほか数々のお総菜をつくっていく。ライ麦パン、クロワッサン、バターロール、白パン、食パン、チョコパン……。パンの種類およそ三〇種類。朝八時にお店に並べるために、一秒もムダにできない。でも焼き加減は慎重に。お店を手伝う奥さんは氏家さんの姿を見て「サーカスの曲芸師」と言いました。氏家さんのパンをつくる姿や失敗談、偶然の秘話、お店を手伝ってくれる人、猫、パンにまつわるいろんな話……。ぜんぶを絵にして、日めくりのパン袋カレンダーをつくりました。

「パンをいれる袋がカレンダーでも、別にいいじゃん」

氏家さんのパンづくりへの自由さを見ていると、そんな発想になってきます。カレンダーの三月

二七日の絵は、パンをもった氏家さんが、大学通りの桜並木の下を歩くうしろ姿です。いつもの春のいつもの大地の実の風景。でも翌年六月に大地の実は、一五年つづいたお店を突然、閉めました。三月の袋のその絵を見るたびに氏家さんの最後の姿のように見えて、涙が流れそうになります。閉店の日、私たちがつくった袋や、新聞、ポスターが飾られていた黄色くなった漆喰の壁。「パンづくりでぼくが考えていたことを、言葉と絵にしてくれてありがとう。パンをつくる励みになりました」と、氏家さんから言われました。私たちこそ、こんな自由で幸せな仕事をさせていただいて、ありがとう。

「ぽい」こと。

ラーメン屋に行ってラーメンを頼むと、お店の人が麺をひと玉とって、熱湯のなかにある細長いざるにいれる。ざるはいくつもあり、一人分をゆでるサイズでできている。「ほかの人と一緒になって自分の麺の量が少なくなる」という不安はない。しかもゆでる時間もタイマーで計っているので、間違えることはない。常に安心して、おいしいラーメンを食べることができる。でも、なぜかおもしろくない。それよりは、ちょっと気難しそうなオヤジさんが四玉も、五玉も同時に熱湯に入れて、年季のはいった平たいざるですくって、その手にかかる重さの加減や、目分量でそれぞれの器に分けていく方が、ぐっときてしまう。「きっと、ここの餃子もうまいんだろう」と勝手に思ってしまう。

ものごとをベルトコンベヤーに乗せるように整理して、一つの安全や安心の基準をつくっていく。それ自体は悪くないと思う。でも、そうならなくていいものまで、なってしまっているような気がします。私たちは知らないあいだに見えないルールに縛られているのかもしれない。効率性、生産性、経済性、安全性……。そんな言葉が出てくると、つい「たしかにそうですね」と言ってしまう。

大地の実のパンは、ベルトコンベヤーに乗っていません。カタチも、焼き加減もバラバラ。毎日ちがう。パンがなくなったら、その日は売り切れ。また、明日。ガリ版も同じで、一枚のロウ原紙がインクのついたローラーの圧力に堪えられるのは、およそ一〇〇回くらい。つまり同じ原稿は、一〇〇枚しか刷れない。だから、ガリ版でつくったガリパン新聞は、いつもすぐになくなってしまう。でも、その伝え方が「大地の実」らしい、と思えました。ブランディング、というよりも「らしいこと」。もっと正確に言うなら「ぽい」こと。パンの話、ライ麦の話、食の話、消化の話、歯の話、日吉の街の話……。氏家さんと毎日のように、何時間も話をしていくうちに私たちのなかで、「大地の実っぽいことと、ぽくないこと」が積もっていきました。だから、頭を抱えて、うんうんうなってアイディアを出したという記憶がありません。「氏家さんの人柄が、パンに出ているのだから、私たちも、それをすればいい」でした。袋は大切な広告です。オシャレな袋を女の子が気に入ってもち歩くたびに、広告としてそのブランドが広まっていく。伝染する力をもっている移動広告です。でも、そういった考えではなく、一枚の手紙を書くような、お知らせを伝えるような、人柄がにじむような袋があってもいい。そういうふうに一つひとつのツールを考えていきました。「素直に考えると、こうなるよね」「そのムダによさがあるんだから、ムダをおもしろがろうよ」。ケッコー難しいことだけれど、これからもカタチにしていきたいと思っています。

動物さんたちが読み終わった古新聞を、
くしゃくしゃにして段ボール箱に入れて、配達します。

エスビー食品さんに「おひさまキッチン」というトーストなどにかけるスパイスとハーブ、そしてシュガーのシーズニングがあります。「おひさまキッチンしんぶん」はその「おひさまキッチン」のキャンペーンプレゼントの一つ。いや、正確に言うと、プレゼントをボックスにいれて送るための緩衝剤として使われているものです。おひさまキッチンはパンダくんをはじめとした、動物さんたちが住んでいるという設定です。商品には「パンダくんのシナモンシュガー」というふうに、それぞれの動物さんの名前が。ホームページでは動物さんたちの住んでいる世界がリアルに緻密に広がっています。そのなかで、昔ジャーナリストだったリスさんが動物さんたちのために発行しているのが「おひさまキッチンしんぶん」です。読み終えた新聞は再利用され、人間界の人にプレゼントを送るときの緩衝剤に。「ボックスをもらった人は、プレゼントのほかに動物さんが読んだ、くしゃくしゃに丸められた新聞を偶然みてしまう!」という仕組み。この新聞もガリ版。だって動物さんは最新の印刷機なんてもっていません。届ける動物さんはなまけもの。「なまけもの　の　とどけもの」という配達サービスをしています。木の荷台をコロコロ押している絵の「専用のボックス」で配達します。伝票もオリジナル。サイズの欄には「カエデの葉っぱサイズ」や「カボチャサイズ」など、動物さんがわかる大きさの基準が書かれています。このダンボールとくしゃくしゃの

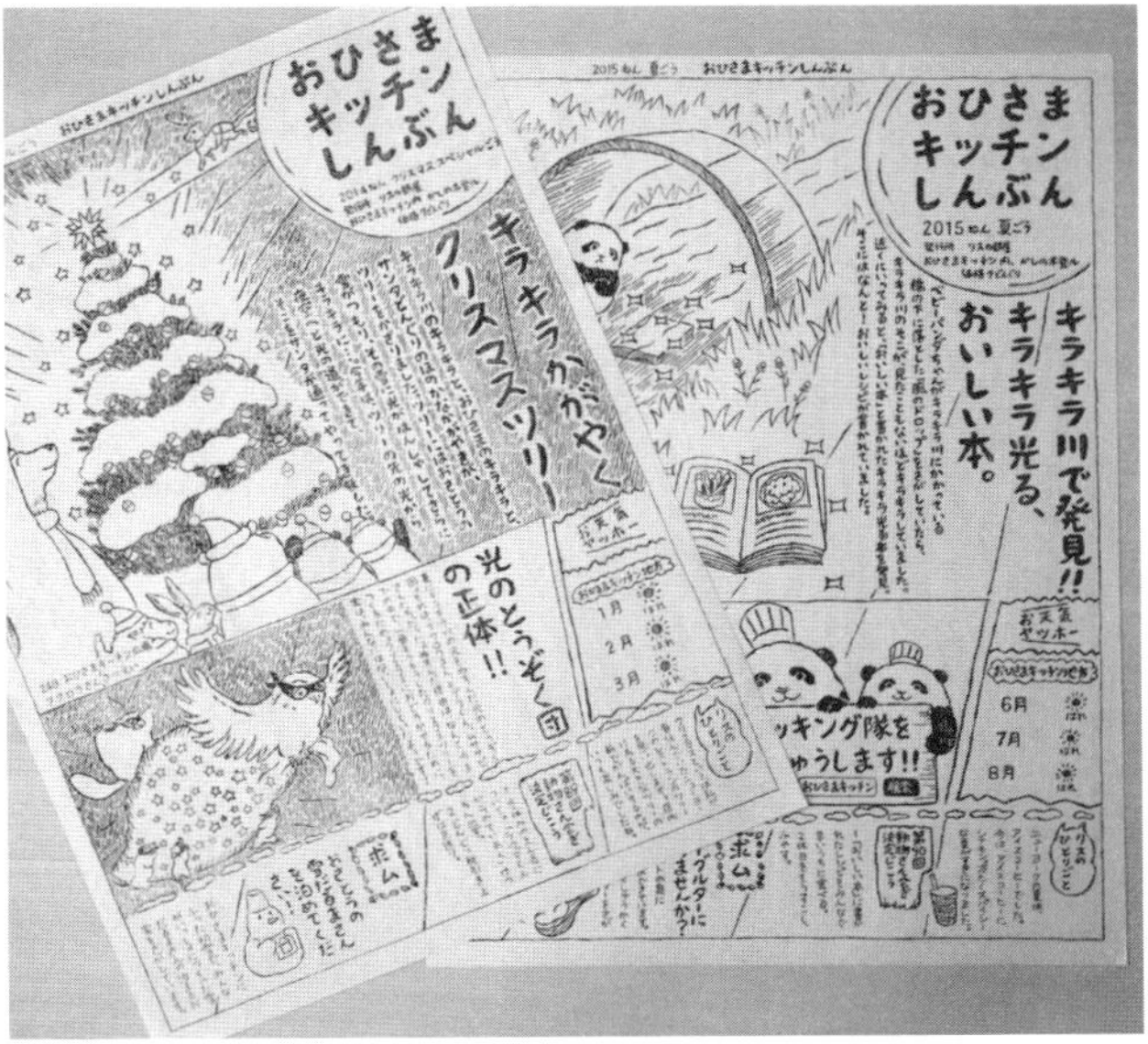

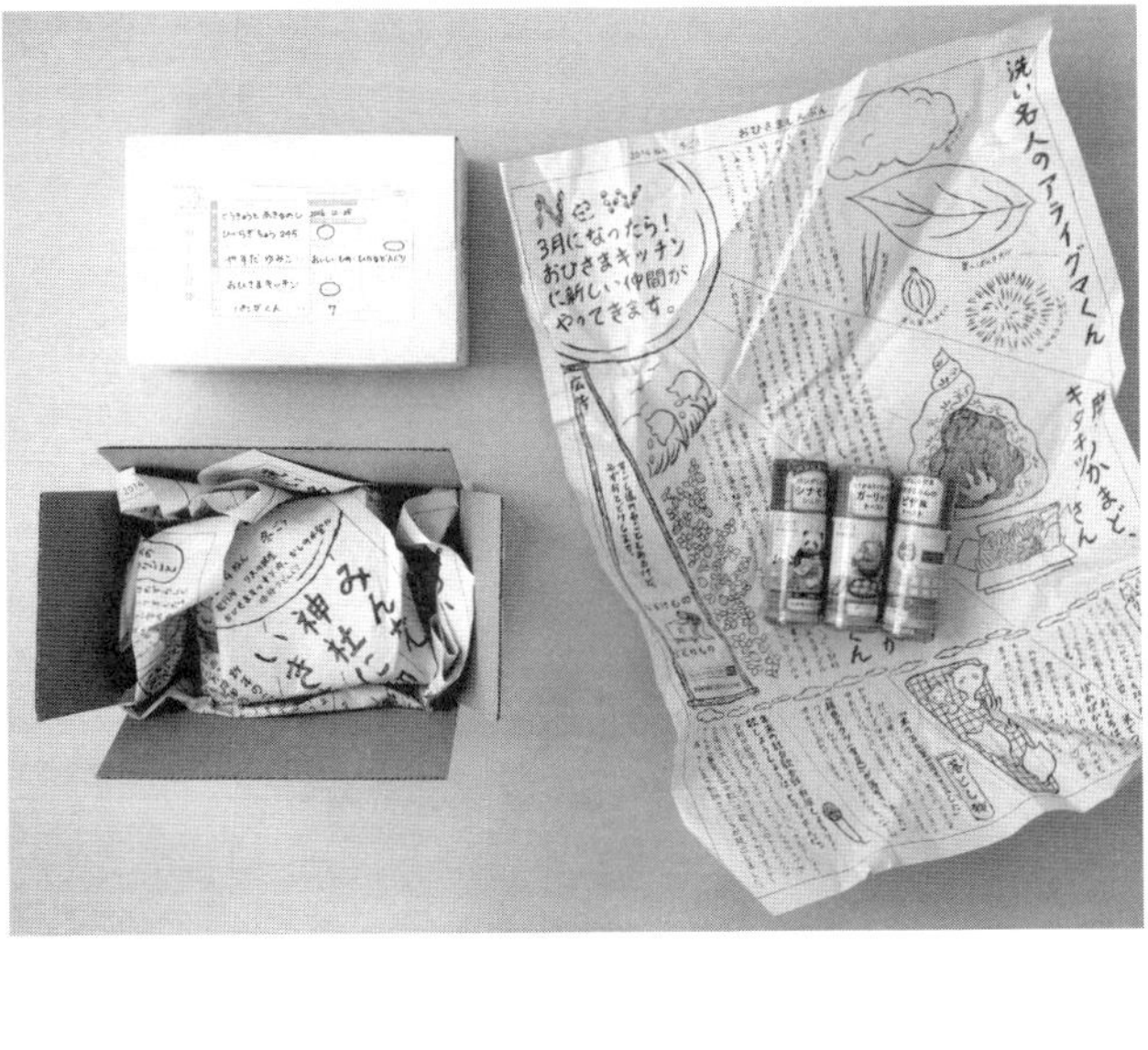

新聞が評判で、お客様がたくさんツイッターなどでつぶやいてくれています。世界観が大切な商品の一つ、と考えていただいたエスビー食品さんと何十回も打合せをしながら生まれたサプライズです。余談ですが、まだおひさまキッチンの世に出ていない物語は三冊以上になりました。

カタチとして残るものか。
心のなかに残るものか。

いまから五年前にエスビー食品さんで、ハーブティーショップ「ソレイラ」という仕事をさせていただいたことがあります。ブランドイメージづくりから、店舗デザイン、パッケージデザインまでのトータルな仕事でした。商品がハーブティーということもあって、温かいぬくもりを感じられるような風合いをだしたくて、コンピューターで仕上げていくのではなく、どうしてもアナログなパッケージがいいと思いました。「昔の印刷のようにしたいから、版ずれをおこしているパッケージをつくってください」と印刷会社の方にお願いをすると。答えは、「現在の印刷技術では版ずれは起きない、正確なピシッとした仕上がりしかできない」と。じゃあ、三ミリトンボなんて必要ないじゃない！　版ずれしないのだから！　印刷会社さんと試行錯誤の末、版ずれをおこした絵柄の正確な印刷データをつくり、パッケージの印刷にしました。青と黄色が少しだけずれたり、ほんのちょっと赤がはみ出したり、その風合いがハーブティーの湯気のように、ほのかに香ってくる仕上がりになりました。「ソレイラ」は、行列ができるほどの人気になりましたが、いろいろな事情があって、わずか一年でなくなってしまいました。アナログ風の味わいをお客様に感じていただけたのか、答えはわからないままでした。

できる限りのコストをおさえ、品質のいいパッケージや印刷物を大量に量産できることが求めるデザインの仕事をしながら、偶然に出会った「まだあったんだ」と思う店のたたずまいに温かさを感じ、包んでもらった素朴な包装紙を捨てられずにいます。そういえば、二〇年以上も前、タイに行ったとき、少数民族のおばあちゃんが、日差しに照らされた階段に座りながら、大きな生地に針を刺して刺繍をしていました。たしか人びとの日々の生活の絵でした。「一枚仕上げるのに、一カ月かかるそうです」と通訳の人が説明してくれました。日本円だと一五〇〇円ぐらいだったのに、買わなかったことを、いまでも悔やんでいます。売れるけど残らないもの。残るもの。記憶にだけ残るもの。そのちがいはなんなのでしょうか。もしかしたら、つくることへの徹底したこだわりだったり、もった人がどう思うかと考えつづけることかもしれません。残るってなんだろうと、考えながら、これからもつくりたいと思います。

（ヤスダ＝グラフィック・デザイナー、武藤＝コピーライター）

器と書店についての試論

大矢靖之

1　はじめに

この表題はいささか奇妙に思われもしよう。いまからはじめるのは、書店を一つの器に見立てることによって、一つの視座を確保しようという試論である。「器」を一つのライトモチーフとしながら、書店のありようの一部を示そうというものだ。

これまで、出版業界の多種多様な人びとが、書店について語ってきた。ここで先行者たちの後に積み重ねるべき書店論があるとすれば、書店がもつ可能性を示しつつ、その内実を充塡するような視座を与えることでないかと思う。ひとまず、はじめよう。

2　さまざまな器、さまざまな書店

器にいろいろな種類があることは、想像に難くない。たとえば飲食に用いる容器に限ったとしても、皿、お椀、茶器、酒器、丼鉢、瓶、重箱など、ざっと羅列するだけで相当数の種類がある。

極端なたとえだが、よく焼けたローステーキをお椀やワイングラスに入れて食べることは無作法かつ非常識であり、肉の旨さを損なうことにもなる。さまざまな食べ物ごとに、それにふさわしい器があるわけだ。だから料理に合わせた器を適切に用いることで、利便性を高めて飲食物を食べやすく飲みやすくすることになり、ときには風味を高めることさえある。

器と同じように、書店もいろいろな種類がある。個人店かチェーン系か、どのような規模や形態なのか、そしていかなる立地なのか、という要素に基づいて類型化することができるだろう。見渡してみれば、大きな駅のそばには大型チェーン系書店があり、そこに競合する別の書店やチェーンがあり、個人が運営するセレクトショップ系の書店がある、というわけだ。町の小さな本屋も各地に点在していることだろう。複合型と呼ばれる店舗も増えた（カフェや雑貨売場の併設、CD・DVD売場を備えてメディアミックスを図る店などは、すでに当たり前の光景となってきている）。郊外のショッピングセンターにチェーン系書店が入居していることも珍しくない。

さて、言うまでもないことだが、顧客個々人は自らの好き嫌いや利便性に応じ、それぞれの書店を利用する。そしてなにより、顧客は購入したい本の種類に応じて、店を使い分けているように思われる。一冊の本を求めようとするとき、人はふつうその本に応じた書店に向かう。雑誌や軽く読みたい本を買うときには、近所の本屋や駅中の書店でかまわない。資格勉強の本を買うときには、多少時間を使いながら、駅のそばにある中型〜大型書店に向かう。一ジャンルのなかでもニッチな本は、電車や車に乗って大きな街の大型書店や地域の一番店、あるいはネットショップに向かう、というように。

つまりあらゆるジャンルの書籍が、しかるべき書店に好ましい仕方で配されている。このことは、飲食物がその種類に応じたさまざまな器に盛り付けられることと、パラレルな関係を示している。

書店は器と同様、さまざまな類型がある。一見して当たり前のことに見えるが、ときに見失われ、忘れ去られる。[※1]酒器や茶器やお椀等、器を一括りにして同一視できないように、さまざまなタイプの書店を一括りにすることはできない。本稿はそれらを語る場ではないが、単純な印象論にとらわれないよう付言しておきたい。

3 盛り付けられる料理と本

家人に、お客に、気のおけない友人たちに、つまりはしかるべき人に料理をつくり、楽しく、十全に料理を味わってもらおうとするとき、美しく綺麗な盛り付けを考える。目の前にあるだけで、自然と食欲が湧き、その料理の味を高めたり、付加価値を与えさえするのが理想的な盛り付けになるだろう。色彩を考えたり、幾何学的に配したり、立体的に盛りをつけたり。そこで盛り付けを左右するのは食器にほかならない。器の余白をうまく残しながら盛り付けることもあれば、合わせ盛りすることもあるだろう。器は料理と密接な関係をもたざるをえないし、器の欠如した料理というものは稀なはず。常識的なことだが、器は料理と不可分で、不可欠なものなのだ。

魯山人もこう語っていた。

「よい料理には、食器の選定が大いに、必要を生じて来るものである。たとえば、ここによい料理があるとしても、それを盛るべき器物が偽物や粗悪品では、料理の価値の引き立たぬこと夥しい[※2]」

器は料理に不可欠であるだけでなく、ときとしてその価値を高めることで、最善の馳走を生み出すことにまで至りつくのだ。

書店において、料理と盛り付けと器の関係は、本とその陳列・展開と、書棚（什器）の関係に比すことができるだろう。

どれだけよい内容の本で、いかに良書や基本書といえども、それらが書棚に並び陳列・展開されてなければ、購入まで至ることは難しい。そしてなにより、本の陳列は書棚がなければ難しい。器が料理と不可分であるように、本も書棚と不可分であることは想像に難くない。

書棚における陳列展開は往々にして、入店客の購入意欲を誘い、ときには衝動買いを促すために行われる。試しに書店の陳列展開を列挙してみよう。

一種類の本を集め、平台に並べられておこなわれる多面展開。ワゴンに山のように積まれて顧客の視点を集め、手に取らせ、購入意欲を高める文庫仕掛け販売。エレベーターやエスカレーター、階段を昇ってすぐ目につく場所に置かれた新刊台で、アイキャッチになるように華やかに飾られた書籍陳列を目にした人も多いことだろう。

児童書コーナーでは子どもの気を引くための多くのポスター、人気キャラの立て看板、販促物やギミックが棚ごとに設けられている。雑誌売場は注目雑誌の付録が見本として飾られ、手にとってどんなものかを調べることができるものも多い。

多くの小売店がそうであるように、書店員は売れる本をただ並べるだけでなく、陳列によって購買意欲を高めるよう努力し、ときには付加価値をつけようと試みる。書店業界では、「棚管理」の一環として理解されていることだ。調理人が器に食べ物を美しく盛り付け、顧客の食欲をそそらせるのと同様に、書店員も棚や陳列什器に技巧を凝らして本を並べ、顧客の購買意欲を高めようとしているのだ。

4 酒器と書店が引き出す、味わいと価値

ぐい呑みやお猪口を集めている。深い紅色の箕面《みのお》焼。栗の木を材料にした深い茶色の御猪口。銀河を思い起こすような、コバルトブルーの有田焼。とくにこの三種が自慢の酒器だ。

二〇種ほどを手にして分かったことだが、日本酒も千差万別であれば、酒器も同じく千差万別。日本酒を飲むときにはいくつもの酒器を目の前に集め、酒を注ぎ、呑み比べ、それぞれの味わいを楽しむことがある。というのも、酒器によって味わいも千差万別となるからだ。

お猪口によって、味がある酒でも、甘さが前に出てくることがある。口造りの厚いものは甘みを感じやすくなる。口径の大きいものは酸味を感じやすくなり、味わい深くなる。また、お猪口の材質によって、甘口の酒のはずが、甘さが舌に落ちるまで一拍おいて、まったく別の一口目になるこ

とすらある。酒の香りが匂い立ったり、抑えられていくことも稀ではない。酒器、つまり器は、酒の風味や味にさえ影響をおよぼす。前述したお気に入りの三種を軸に同じ酒を呑み進めるだけで、その酒の特質や巧拙が露わになることも稀ではないのだ。

日本酒と酒器の関係のように、本もその良し悪しの判断などについて、書店の環境から影響を受けることがある。大型書店、街の書店、セレクトショップ、同じ本がそれぞれ置かれていたとしても、顧客がそれぞれから受ける本の印象が異なってしまうのだ。

たとえば、商店街の小さな町の書店に器の専門書が置いてあったとして、見向きもされないかもしれない。ただ、それがセレクトショップ系の書店に置かれると、尖ったセレクトと見做され、顧客の購買意欲に合致することがある。逆に、その種のセレクトショップに大衆時代小説が置かれていても、セレクト系を好む顧客が手に取ることは少なくなるかもしれない。反面、町の本屋ではその大衆時代小説が地域に住まう高齢者たちによく売れていることも想像に難くない。

日々、書店員たちは本をもっともよく活かすにはどうすればよいかを、自店の適性と照合しながら、考え、選びつづけている。注目の新刊が出たら、その新刊をどのジャンルに置き、隣にどんな本が並んでいるかというところまで考えなければならない。売れる本をとにかく目立たせて売ればよいのか、それとも書棚や平台を選びながら調和的に並べていくのが適しているか。そして、目の前の本は、自店の売筋なのかどうか。陳列方法や書店のタイプによって、本の価値も内容も、一読したときの評価まで変わってしまうということがあり得る。それは書店をめぐる醍醐味の一つといえる。本の愛好者たちのうちで、器を愉しむように、書店を楽しむ人びとは決して少なくはない。それは、個々の書店のありようやセレクトが、本の価値に影響をおよぼしていることを知っているからかもしれない。

ひとつ余談を記しておく。飲食系の通販事業、ネット書店ともに苦手とするものが、器と飲食物、あるいは書店と書物が織りなす価値相乗効果の顕出である。通販事業は商品を直接的に訴求し、商品情報を羅列する。そうした商法は目的買いの顧客だけでなく、一見の顧客を取り込むこともあるかもしれないが、器や書店が引き出す味わいや価値を創出することは難しいのだ。※3

5 おわりに

ここまで器という鍵語を用いて、粗雑ながらも書店のありようについて言及を重ねてきた。書店を器に見立てながら論を進めて見えてきたことは、書店がもつ固有の力と可能性である。

町に存する個々の書店の営みは、民藝における「用の美」に通じるところがある。民衆の日常生活において用いられた無銘の工藝品。町の書店の多くもまた、民藝品のように、人びとが訪れ、使うことによって、実用性とともに生じてくるなにかがある。多くの町の書店は世に広く知られることもなく、その町に溶け込むかのように佇み、地域の情報インフラのひとつとなっていることもしばしばである。書店という器は訪れる人びとにとって有用であると同時に、訪れる人びとの心のよすがとなったり、その生活を豊かにする側面がある。

「用の美」という言葉を用いることは、ある種の過剰かもしれない。[※4]だが、本稿では、書店もまた「器」と性質を同じくする諸側面があることを示してきた。書籍一冊一冊にも、もちろん相応の力と可能性があることは疑い得ない。ただしその背後で書店もまた、場としてメディアとして機能し、ときに書籍の価値を十全に引き出し、書籍一冊一冊と不可分に共犯的に連動することさえあるだろう。あたかも、器と同じように。

※1　折に触れて、典型的出版不況論が聞こえてくる。伝聞に由来するような典型的な出版不況論は、たいてい先述の類型を無視した上で、書店全体、ひいては出版全体を一面的に語ってしまうきらいがある。

※2　「料理と器物」『魯山人』（河出書房新社、二〇一五年）所収、p.3

※3　今後もネット書店の隆盛はつづくかもしれない。しかし、彼らでは不可能な提案や、明確な弱点も多々存在する。ゆえに、個々の書店がひとたび自らの役割と効果に自覚的であろうとするなら、ネット書店に対する戦略的差別化は容易なものとなりはしないか。

※4　とはいえ柳が民藝の特質として挙げる「実用性」「無銘性」「伝統」「地域性」「複数性」「廉価性」「労働性」「分業性」「他力性」。それらが書店のもつ特質とまったく無縁であると述べることは、むしろありえない想定であろう、と考える。柳宗悦『工芸の道』（講談社、二〇〇五年）参照。

（書店員）

デザインを教える

天野 誠

私の職業はブックデザイナー。おもに書籍の中身や装丁をデザインしています。それと他に、大学や専門学校で教員を務めており、デザインの基礎から、ある程度の専門的な指導をおこなっています。要するにプロのデザイナーが、学生にデザインを教えているわけです。特に珍しいことではありませんが、現役のデザイナーがデザインを教えることと、専任教員がデザインを教えることのちがいはどこにあるのか。あらためて考えてみたいと思います。

プロでしか教えられないこともあれば、逆にプロには教えられないこともあります。プロにとっては大切なことでも、学生には教えなくていいこともあるでしょう。したがって「プロでないと教えられない」とも、「学校という世界しか知らない教員には、生きたデザインは教えられない」とも、思いません。結論から言うと、デザイン教育の現場には、両方の教員が必要なわけです。

それでは私が実際にデザイン教育の現場で日々経験し、感じていることを紹介しましょう。

どこの大学でも同じだと思いますが、講評はクラス全員を集めて作品を並べ、学生一人ひとりの作品に対して教員が批評します。私が教えている大学では、複数の教員が立ち会う場合がほとんどで、一人の教員が大勢の学生を相手に講評することはきわめて稀です。理由は簡単。学生数が多いからです。学生と一対一の場合もありますが、全体講評とは別におこなわれます。

そこで下される評価は、いったいどういう基準でなされるのでしょうか。評価はのちに、点数として採点されることになります。点数化するとは、客観的な評価の差別化を意味します。クラスでいちばん個性的で優秀な作品に、最大の評価、つまりは点数を与えていくわけです。そして、点数はどれくらいが妥当であるか、つまり何点であるかを教員たちで協議し、決定します。これを基準にして次のランク、さらにまたその次のランクと採点していきます。

どういった視点で評価するかといえば、ほとんどの場合、「いかに個性的であるか」「オリジナリティーあふれる表現であるか」になります。さらに「機能的であるかどうか」などの視点が加わります。この条件をひとつのクラスでもっとも満たしている作品が、もっともよい点数の基準になります。つまり「相対的評価」で、全体の作品を評価していきます。もちろん判断する際、教員個人の考えに基づいて評価しているのですが、クラス全体で相対的に評価することが多いと思います。

教員は自分にある種の基準を常にもっていて、その考えを学生に示しながら、「絶対的評価」を下すべきだと私は考えています。その場合、教員が示す基準とは、なにになるのでしょうか。単なる好みでは判断できませんので、この作品のどこがすぐれていて、どこが足りないのか、はっきり説明する必要があります。学生やほかの教員に対しては無論のこと、自分自身に対する責任であるとともに、自分のデザイン哲学の確認にもなるわけです。

私の場合、大きく分けて、二つの基準があります。一つは評価する作品が実際のデザインとして、あるいはビジネスとして成立するかどうかです。つまりクライアントを納得させることができ、実際に商品として成立するかどうかです。要するにプロの仕事として通用するかということです。二つ目は、アイデアといいますか、いかに個性的であるかです。実社会で通用するデザインではないにしても、作品に魅力があるかどうかです。

プロのデザイナーは、普段からさまざまな状況で仕事をしていて、悪い意味で慣れすぎています。いわゆる業界の流行や玄人好みのデザインに、飽き飽きもしています。そのような人間が少々雑であっても、見る側の心を強く感動させられる作品に出会ってしまうと、高い評価を与えてしまうものです。別の言い方をすると、プロのデザイナーが教育の現場にいる意味とは、単に人材を育てるだけでなく、若い才能に出会うことで刺激を求めているのです。

私が学んだデザイン学校では、教員や職員を含めた学校全体で、そうした意識を非常に強く感じました。まだ教育がビジネス過ぎてはいなかったのです。今日の教育現場に比べ、ていねいでもありませんでした。学校全体が良い意味でいい加減だったことが、デザインを学ぼうとする生徒にとって、かえってよかったのです。自由に、主体的に考え、学べたからです。

デザイン教育の現場で教員をしていて非常に危惧しているのは、学生が成績を気にしながら作品を制作していることに尽きます。自分のつくった作品がどう評価されるかを気にするのはもちろん当然のことで、それだけ作品に情熱を注いだ証拠でもあります。しかし、成績というひとつの評価ばかりを意識して制作された作品は、どこか媚びていて、おもしろくありません。うまいのだけれど、魅力がない。これはいまの学生たちがおかれてきた環境、つまり学校に入学するまでの学校教育の弊害であろうと感じています。教育現場だけではなく、日本の社会全体がいま、そのような状況にあるのではないでしょうか。他人から攻撃されるのを恐れて、「批判されたくない」「嫌われたくない」という意識が蔓延してしまっているのです。

　私は表現とは、ある種の狂気といいますか、利己的な要素が絶対にあって、それを捨てない者が表現者として生き残れるのだと思います。狂気とはいっても、他人を攻撃するような破壊的なものではありません。自分のなかから正直に湧き出る感情や思想といったようなものを伝えたいという気持ちのことです。それこそ表現の源にほかなりません。

　教員によって評価が異なる場合、とくに極端に意見がわかれたとき、どの意見を信じればよいのだろうか、学生からよく相談されます。評価なんて人が変われば、変わるものだと私は思います。教員の専門性や価値観、生き方がちがうわけですから、評価がちがって当然なのです。だからこそ、絶対的評価をすべきです。とはいえ、専門分野はちがっても、ある一定の条件においては同じような評価が下されるはずです。「作品が伝えようとしているメッセージが伝わっているか」「アイデアにオリジナリティーがあるか」、あるいは「作業量が妥当であるか」「美しいかどうか」などで判断できるからです。

仕事でも同じことがいえます。私の場合ですと、本をデザインしているので、クライアント、つまり評価する人はおもに出版社の編集者になります。本をデザインする仕事は、作家の著作物である文章に、本というかたちを与える作業なので、デザイナー一人のアイデアだけで決定されるものではありません。デザインには著者の意見が反映されますし、編集者以外にも営業部門の意見が盛り込まれます。こうしてまったく異なるスタンスの人たちが考えを寄せ合い、デザイナーが生んだひとつのアイデアを検討するわけです。だからといって、デザインを人任せにしてしまうのかと言うと、そうではありません。「私はこの本には、このデザインがこういった理由でふさわしいと思う」という考えや、絶対的な判断基準をデザイナーがもっていない限り、デザインは成り立たないのです。オーダー通りの範囲でしか仕事をしないデザイナーでは、おそらくデザイナーとして生き残れないでしょう。

話は変わりますが、日本には、さまざまな広告デザインのコンペがあります。学生からプロまで、多くの人が応募し、自分の感性を試すのです。私が担当した授業でも学生に応募させたことがあり、みごと学生部門の優秀賞を受賞できました。受賞はたいへん喜ばしいことなのですが、この結果は私にとってとても意外でした。

実は応募する前に授業の課題として採点したのですが、入選にもおぼつかないものでした。採点は複数の教員によるもので、応募を前提にした絶対的評価でした。私以外にもプロのデザイナーが数名いて、入選に値する作品ではないと判断していたわけです。しかし、いざ応募してみると、優秀賞をさらいました。

受賞した学生本人に結果をどう思うか聞いてみたところ、「作品は評価する人によって変わるもの。教員の評価が間違っていて、審査委員が正しいとは思わない。むしろ自分の作品に賞を与えてくれたことに感謝している」という、実直な意見でした。

特定の授業内で下される評価は、絶対的であろうと相対的であろうと、どうしても教員の主観に左右されてしまいます。同じ作品でも、条件や状況といいますか、どのような目的で、だれが評価するかで変わってしまうのです。それはごく普通のことであると思います。

大学生は四年になるとどこかの研究室に所属し、約一年をかけて卒業研究や卒業論文を制作します。そして、卒業近くに最終発表という審査がおこなわれ、合否が決定します。その最終発表会では、学生は学科の全教員の前で発表し、教員からの質疑に応答したうえで、簡単な講評を受けます。ほとんどの教員は自分の専門外の研究に対しても、なんらかの評価を下します。そのときいつも、私は本当に正しい評価を与えているのだろうか、不安に駆られます。専門分野ごとに教員を分けて講評したほうが、学生にとってはより的確で効果的な評価が得られるのではないかと思うからです。もっとも、たとえ専門分野ではなくても、視覚デザインという大きな枠組みに収まれば、それほど評価にズレが生じることはありません。新鮮な意見も寄せられ、豊かな評価が与えられるでしょう。

しかし、研究によっては非常に専門性が高く、専門外の教員には理解し難いものもあります。はたしてその研究に対して自分はどの程度の評価ができるだろうか、突きつけられる気がします。なにか意見を述べるにしても、感想程度で終りがちです。そんなものが学生にとってメリットがあるのだろうかと、正直、いつも疑問を感じます。

たとえばゲームアプリの開発を研究した学生がいるとします。私はコンピューターのゲームにはまったく疎く、興味もありません。そんな私に評価される学生は可愛そうです。研究の本質的な評価は絶対にできないので、自分の専門と関係性のある要素だけに絞って意見しています。しかし、それでは的確な講評や評価とは、とてもいえません。そもそも講評とは、「講じて評する」わけですから、作品に対して補足的な説明や解説をおこなったうえで、批評するものです。絶対的評価を重んじる私は、とにかく自分の専門分野からの責任ある評価をしようと努めています。

以前、ある教員が自分の研究生に対して満点の成績点を与えたとき、他の教員のあいだで疑問視する意見がありました。満点なんて、そんなに軽々しく与えるものではないというのです。評価は客観的であるべきとの考えから、反対があったのだと思います。しかし、なにをもって「客観的」というのか、私にはそもそも疑問です。最終評価、すなわち成績は、作品の出来ばかりではなく、学生の研究姿勢も含まれているからです。要するに同じ条件、つまり同じ指導方法でない限り、客観的とは言いにくいのではないでしょうか。

卒業研究は教員と学生が約半年かけ、じっくり進めていきます。そこには担当教員でしかわからない個々の専門的な問題や事情があるはずです。だからこそ、成績は担当教員の独断による「絶対的評価」に任せるべきではないかと思うわけです。そうしなければ、学生がみな、容易に理解できる研究テーマや、共感されやすいテーマを選んでしまう危険性があります。現に学生は教員の反応ばかりを気にしています。それは私の教える大学だけの問題ではないでしょう。

研究とはある意味、クレイジーなもので、端から見ていったいなんの役に立つのだろうと思える要素や、きちんと整理されていない不確かな要素を含んでいてもよいと考えています。よくデザインとは「問題解決のための創作的な行為」と言われます。しかし、そんなことは仕事の現場で発揮されればよいのであって、学生のうちはもっと自由で、それこそ収まりの悪い、歪なかたちをしていてもいいのではないでしょうか。だから学生には、他分野の教員など気にせず、自分のやりたいことをとにかく追求し、それに対して担当教員が「よし」と言えばそれでよいのだと私は助言しています。

プロのデザイナーは日々、上質なデザインに触れて、またそこに近づこうと努力しています。しかし、必ずしもそれはデザイナー自身の欲求から発するものではありません。ビジネスという非常に現実的で、生っぽい状況で制作するわけですから、当然、作為的で、場合によってはとても媚びた、いやらしさをともなうこともあります。プロのデザインは、決して純粋なものばかりではありません。だからこそ、学生のうちはプロにはできない、学生らしい、思いっきりのよい、荒削りな発想が期待されるのです。見方を変えれば、そうした出会いを求め、プロは教育の現場に立っています。少なくとも私はそうです。

ところで学校の教員はデザイナーとして、どこまで通用するのでしょうか。ここで言う教員とはいわゆる学校の専任で、デザイナーではありません。若気の至りゆえの反発もあったデザイン学校の学生だったころから、「生きたデザインを教えることがどこまでできるのだろうか」と、ずっと疑問を抱いてきました。

たしかにデザインの実践経験がない専任教員でも、教える能力さえ高ければ、ある程度のことは教えられると思います。しかし、生きたデザインを教えるにはやはり限界があります。デザインとは人びとの営みのなかで、はじめて成立するものだからです。その一方、現役のデザイナーが教育の現場で教えるのにも限界があります。デザインを教えること以外で学生に対応したり、指導する能力が不足しているからです。「どこまでを教育とするのか」、さらには「教育とはなんなのか」という大きな問題がそこにはあります。

専任教員の役割は、基本的にはいつの時代になっても変わらない「普遍的なこと」を主軸に、方向性を示していくことにあります。それに対し、現役のデザイナーは自身のしてきた仕事を通して、デザインの「いま」を、実践的に教えていく使命があります。現場は雑然としていて、非常にシビアな世界ではありますが、デザインで生きている人間にしか教えられない現実があります。かつてデザインの現場で活躍していた人が一線を退き、教員となる例が少なくないのはそのためでしょう。

つまり異なる立場の人間が、デザイン教育の現場には必要なのです。どちらか一方に偏れば、教育の中身はとても希薄なものになってしまいます。専任教員がプロのデザイナーではないように、デザイナーはプロの教員ではありません。教えることと、デザインするという、まったく別の二つのベクトルがぶつかってこそ、学生は伸び、デザイナーとして育っていくのだと肌で感じています。

（グラフィック・デザイナー）

幸福な出会いの哲学

増田幸弘

子どものころに熱中した『あしたのジョー』に、いまだ脳裏に焼きついて離れない言葉がある。韓国人ボクサー金竜飛の前に、ジョーが苦戦する場面だ。朝鮮戦争のさなか、幼い金は飢えをしのぐため、食べ物をもっている男を石で殴り殺す。その男が父親だったのを知った金は、食べたものを嘔吐した。金の心に広がる闇の深さに、自分の弱さを思い知らされたジョーは、とても勝てないと悩んだ。そんななか、ジョーは「なにかひとつ、屈服しきれないもの」を感じる。その思いがダウンしそうになりながら、ぎりぎりのところで踏みとどまらせる。そして、「屈服しきれないもの」がなにかわかった瞬間、ジョーは正気を取り戻す。そんなストーリーだった。

新聞や出版の仕事に携わり、かれこれ三〇年近くになる。その間、ことあるごとに、なぜかこの『あしたのジョー』にある一場面が頭に思い浮かんでは消えた。ぼくのなかにはたしかに「屈服しきれないもの」があった。そして、それはいったいなんなのだろうとずっと考えてきた。だからこそ、いまも現場にとどまり、取材をつづけているのかもしれない。

新聞の仕事をはじめてまだ間もないころの、企画会議の風景をときどき夢に見る。一九八八年から八九年にかけて、「女子高生コンクリート詰め殺人事件」と「東京・埼玉連続幼女誘拐殺人事件」

の二つの大きな事件が発生し、社会問題となっていた。事件の背景には共通するなにかがあると考え、取材してみたいと思った。

「記者の正義感という奴ですか」

同世代のライターが、訳知り顔で冷たく言った。

「新聞に求められているのは、ジャーナリズムではない」

デスクは意味深に畳みかけた。記者だからといって、だれもが事件を追うわけではない。ぼくに与えられたのは、都会の流行や世相を追う、文化情報の紙面だった。だからこそ、事件に潜む闇を記事にしたいと思ったのだが、青臭いいきがりを鼻で笑われて終わった。たしかに新聞は事件の状況や経過は報じても、背景に詳しく迫る記事は決して多くない。インターネット以前、第一報が新聞のいちばん大きな役割だった。当時はテレビがもっとも速報性が高く、新聞の朝刊や夕刊で事件や事故の詳細を知った。もっと知りたければ、週刊誌や月刊誌の後追い取材を待つことになる。明確な役割分担がメディアにはあった。

そんなデスクが阪神・淡路大震災（一九九五年）を機に、突然、退社した。故郷に近い、なじみのある街が被災したことでいてもたってもいられなくなり、取材チームに加わろうと志願したが、認められなかった。それで辞めてしまったのである。しかも現場に行ったデスクは取材ではなく、ボランティアを選んだ。

「なに、取材より、大切なことはあるんだよ」

音信不通になったデスクから諭されている気がしてならなかった。そこに口では否定していたジャーナリズムのあるべき姿を教えられた。もともと「書かれる側の立場になって書け」と、口を酸っぱくしてたたき込まれた。記事を少しでもおもしろおかしく書いたり、少しでも誇張して書くことを戒められていた。

それからぼくは新聞社系週刊誌で長らく記者をしていた人に誘われ、ボスの事務所に身を置くことになった。スクープをものにするため、嵐の海を小舟で渡ったり、地方の街にスナックを構えて長期にわたる張り込み取材をするなど、数々の武勇伝でならした人だった。研究者に取材をして、海の汚染についての記事を書いたとき、書き直しを指示されたのをよく覚えている。

「これはルポルタージュではない。この記事のどこに、おまえの発見があるんだ！」

ボスは厳しく言った。たしかにデータを中心に、安易にまとめた、ありがちな記事だった。だからといって、汚染を数字以外で示すのはむずかしいのではないか。

「数字なんていくらでも改竄できる。そんな数字にはなんの意味もない。まして国のやることだ」

現場の海は底が見えるほど透き通っていた。それなのに魚ばかりか、カニも貝もフナムシも見当たらない。ただ波の音が聞こえるだけで、海は死んでいた。それはなによりの汚染の証左だった。

「数字でごまかそうとはせず、自分の目を信じろ。自分のカンにしたがえ。現場にはすべてがある」

ぼくは記事を一から書き直した。

以来、どんなに小さな記事であっても、必ず取材をもとに記事を書くように心がけた。取材とは不思議なもので、幾何学であり、物理学であり、化学でもある。組み合わせ、量り、反応させる、ということだ。「わからない」からこそ、「知らない」からこそ、「わかった」と納得できるまで、現場に通いつづける。人に会いに出かけては話を聞き、教えを請う。関係する場所を訪ね尽くす。自分のうちに湧き上がる「知りたい」「もっと理解したい」との意思に耳を傾けながら取材を重ね、言質をとっていく。「取材不足」とはいっても、その反対を意味する言葉はない。十二分に取材し、きちんと理解できていれば、どんな内容であれ、わかりやすい、こなれた記事になる。とはいえ取材対象との適度な距離は不可欠だ。さもなければ焦点がぼける。

振り返れば、ほんとうにいろんな取材をこれまでしてきた。漁船に乗って、黒潮にカジキを追った。アートの生まれる一部始終を目撃した。政治家の選挙に張りついた。祭りを準備から追いかけた。発掘現場に通った。音楽家の独白を聞いた。殺人事件の真相に迫った。障がい者の家族に密着した。企業の社長に、経営の秘訣を聞いた。伝統を守る職人の手業を、間近で見た。鉱山の坑道を這った。スラムの学校で、子どもたちと遊んだ。

「こんなところまでくるんだ」

ある現場で驚かれた一言が忘れられない。きちんと手順さえ踏めば、まず取材を断られることはない。新聞社や出版社という組織の所属も肩書きもないフリーランスではあっても、これまで断られたのはわずか二回しかなかった。

ひとつはお寺に、歴史上の人物について、取材しようとしたときだ。

「名もなき会社の、名もなき者の取材など、断る！」

住職の冷ややかな怒鳴り声が、耳に残る。仏教は人をすくう教えだと考えていたけれども、決してそうではないのだと思い知った。

もうひとつは、ヤクザがらみだった。別にヤクザの裏稼業を取材しようとしたわけではない。表側でやっている「シノギ」のことで話を聞こうとしただけだ。そう書くとなんだかやばそうだが、ある農作物を追っていた。男は取材を承諾した。新幹線に乗って地方の街に行き、指定された住所まで、タクシーで向かった。そこは件の作物が育つ畑だった。しかし、待てども暮らせども、男は現れない。痺れを切らせ、電話してみた。

「キサマになにがわかるっていうんだよ」

逆ギレされた。たしかになにも知らない。わからないからこそ、教えて欲しい。説明しても無駄だった。いまならそんなやりとりだけで、なにがしかの記事をうまく書けるだろう。ボスにもそうそそのかされた。しかし、ぼくは取材に失敗したと思い込み、しょげていた。話を面と向かって聞けていない以上、記事になんてできない。実際にはこのとき、かなり相手に肉薄し、問題を明らかにするには十分な取材をしていたと、いまなら思える。なにせありふれたことが、ヤクザのシノギだとわかったのだ。しかも現場をきちんと押さえている。

しかし、男の言い分は、「専門家ではない記者になど、わかるはずがない」ということでもある。

一九九〇年代のはじめあたりから、専門誌に所属する専門記者がもてはやされていた。専門知識をもつ専門家による解説が重用された。現場の取材より、データを重んじる研究者的な記事ということでもある。たしかに専門知識を備えた研究者や記者に比べてしまえば、関連書物を読むなど、どれだけしっかり準備をして取材におもむいたところで、しょせんは付け焼き刃。なんとか食いさがって取材にこぎ着けても、ちょっと躓くだけで、「そんなことも知らないで、のこのこ取材に来たのか」と失笑され、明らかに話の風向きが変わってしまうこともある。それをどう立て直すかが、実は取材の要ではあるのだが、そう簡単にはいかない。

取材とは「一期一会」だとそのころは思っていた。「一生に一度しかチャンスがない」との意味を膨らませ、安易に理解していた。次から次に現場に行く、目先の締め切りに追われる日々のなか、その場の出会いを大切にするしかなかった。余談のなかで思いがけない貴重な話を伺えても、聞き流していた。内容もスペースもあらかじめ決まっている新聞や雑誌の取材では、決められたこと以外は求められていなかった。

明らかにメディアの潮目が変わったと感じたのは、二〇〇〇年前後のことだった。関係してきた雑誌が、驚くべき勢いで廃刊となっていた。仕事先だった出版社も、活動を半ば停止していった。早期退職を選ぶ記者や編集者が相次いでいた。優秀な人ほど先に手を上げた。気づくと、ぽつんと一人、祭りが終わった会場に取り残されている気がした。

二〇〇三年に成立した「個人情報の保護に関する法律」は、仕事のありようを抜本的に変える、大きな契機となった。記事そのものが個人情報であることもあって、メディアは過敏に反応した。写真に写るすべての人から、許諾書に署名を得るよう、編集者に指示されたのは、そのひとつの現れだった。許諾のない写真には、本人が特定できないよう、モザイクやぼかしを入れるという。

指示の通り、撮影のたび、できるだけ許諾書に署名していただいた。写真を撮る前に声をかけた。それだと、どうしても表情が硬くなる。自然な表情をとらえるため、写真を撮ったあと、掲載の承諾を得たりもした。気楽に応じてもらえることもあれば、断られることもある。なんとも骨の折れる作業だった。声をかけようとしているうち、姿を見失った。撮影枚数が増えるにしたがい、収拾がつかなくなってくる。ちょうどデジタルカメラでおっかなびっくり仕事をはじめたばかりで、撮影カット数がフィルムに比べ、飛躍的に伸びた時期だった。

「この許諾書はどの方だっけ?」

「あれ、このカットの許諾がない!」

現場で一人てんてこ舞いした。とはいえ、許諾書を書いていただいたからといって、掲載されるかどうかは約束できない。よい写真でなければ、載る可能性は低くなる。それなのに個人情報を守ると言いつつ、撮影した人に名前と連絡先を聞く。なんだか、本末転倒である。記事の良し悪しとは関係ないところで消耗させられた。誌面ができてみると、いくつもの写真にモザイクが入っていた。せっかくの写真が台なしだった。

許諾を得た写真で構成するとすれば、どうしても演出された記事になる。雑誌を開けば、笑顔を浮かべ、幸せを振りまくページばかりが目につく。実際、暗鬱とした旅行記事やファッション記事なんて成り立ちにくい。しまいには自然な感じで撮った写真に、「現場報告にすぎない」と編集者からクレームがつくケースが出てきた。そして、「エンタメでお願いします」と指示され、ひとしきり「エンタメなルポ」ってなんだと思い悩まされた。なんというか、牛丼にネギトロを追加したような、カレーライスと麻婆豆腐を合わせ盛りにしたような、とても合いそうにもない組み合わせだからだ。指示通りに試行錯誤してみるが、「エンタメなルポ」なんて新メニューをぼくにはとても開発できなかった。そもそもエンタメとルポなんて水と油。親和性がとても悪い。

許諾を求めるのは、新聞社や出版社がクレームを極端に嫌うようになったからだった。ネットの時代になって、クレーマーと呼ばれる人の事件が世の中で増えていた。実際にはその前からいくらでもあったのだが、ネットの時代になって目立つようになったのだ。それまで普通にしていたことができなくなったのには、メディアへの信頼感がそれだけ失われたのもあるだろう。いつしか「マスゴミ」などと揶揄されることが増えていた。仕事先の新聞社の前に集まって抗議の気勢を上げる人たちを見て、なんともいえない気持ちになった。ネットが急成長するなか、情報産業を一手に握っていた大手の新聞や雑誌の寡占状態が崩れていた。

仕事としてインターネットの可能性もあれこれ試してみた。しかし、どうも活字媒体とは勝手がちがい、取材せずに記事を書くことが求められていた。新聞社のサイトでもなければ、記者が取材するという概念がそもそもなかった。当然、取材経費などでない。すでに取材したことのあるものでお茶を濁すしかやりようがなかった。別に取材なんてしなくても、口コミ情報がどんどん勝手に集まってくる。なにも頼まずとも、写真と記事が揃っている。各地から寄せられるリアルな最新情報は、下手な雑誌よりおもしろく、正確で、役に立つ。しかも原稿料なんて払わなくていい。

インターネットでは、多くの人がハンドルネームと呼ばれる別名で活躍していた。本名で書き込む人もいた。名前とはいっても、生身の人間ではなく、なにか複製された記号のようだった。編集的な整理が施された新聞や雑誌の記事に比べ、無駄に長いが、その分、荒削りで、生々しい。それがかえって魅力的に見えていた。匿名性が強いにもかかわらず、激しい自己主張や自己顕示欲が剥き出しになっていた。興味をもってウォッチしているサイトには、のちにヘイトスピーチで名をあげる人のブログもあった。記者も、編集者も、たとえ署名原稿であったとしても、本来、黒子の仕事だと思っていただけに、価値観を揺さぶられた。記事を書いて、自己主張することなどなかったからである。それは記者として禁じ手だと考えていた。

長らく仕事をしてきた雑誌の元編集長の家に、年に一度か二度、顔を出していた。早期退職に応じ、メディアの仕事にはとうに見切りをつけていた。話がしたくて行っているのに、いつも肝心なことが言い出せなかった。なにかを見透かされているようで、言葉がうまく出てこない。

「表現なんていまの時代、無意味だ。まさかそんなことのために、メディアの仕事をしてきたわけではないよな」

いつもシニカルで、なにも言い返せなかった。

「まあ、なにか本でも書いたらどうだ？」

元編集長は不意に口にした。仕事に悩んでいることなど、お見通しだった。癖のある個性的な作家や写真家の担当を長らくしてきた編集者の言葉に、身体がこわばる。

「おれ、なにを書けばいいんだろう？」

四〇代の男とはとても思えない泣き言を、口にしていた。

新聞のほかにも、週刊誌、月刊誌、季刊誌、広報誌、インターネットと、さまざまな媒体で仕事をしてきた。媒体という「器」にどう盛りつけるかは、誌面を任された自分次第だった。とはいっても、媒体にはそれぞれの流儀があり、個性がある。それを守りながら、きれいにまとめていく。なにより大切なのは流儀に逆らわず、疑わないことだ。ある意味、「名人芸」のように、型にはめていく。そうした仕事のやり方に慣れてしまい、本当に自分が書きたいものがなにかなんて、まったくわからなくなっていた。

元編集長はしばらく黙っていた。ぼくも黙っていた。一〇分くらい、そのまま二人で窓の外を眺めた。いつもそうだった。

「簡単なことだよ。自分が考えていること、主張したいことを書けばいいだ。それが表現だろ」

「おれ、なにを考えているんだろう？　なにも考えていないのではないか」

言いかけた言葉を引っ込めた。記者としてメディアに記事を書くからといって、ぼくの意見が求められているわけでは決してない。取材してきたことを上手にまとめれば、なにも考えていなくとも、記事は書ける。むしろ下手に考えていたら、頭でっかちな記事になりかねない。

二〇代で知り合い、強い影響を受けた三人の先輩には、ひとつ、共通していることがある。いつでもどこでも何冊も本をたずさえ、古典から最新作まで、深く読み込んでいることだ。ジャンルも幅広い。これまでたくさんの記者や編集者、研究者らと出会ってきたが、この先輩たちのように本を読む自由を楽しんでいる人はいなかった。本好きを気取る人はいたが、感想を聞いても、なぜかいつも要領を得ない。毎日のように文字を書いたり、編集者として本づくりをしていたら、息抜きくらい、文字など見たくないと考えるのが道理だろう。それはメディアで働く人の多くが抱える自己矛盾である。ぼくだって取材に必要な本は読んでも、そうではない本を読む時間は取材に追われ、なかなかもてなかった。

二〇〇六年、ぼくは「なにかひとつ、屈服しきれないもの」を感じ、日本を離れた。このまま日本にいても、ルポルタージュを成立させるのはむずかしい。そんな気がしてならなかった。実際、ルポを発表したくても、載せてくれる雑誌はなかなか見つからない。なんとか間隙を縫って、やりたいことを少しでも実現させてきた。

それまでも何度とはなく海外で取材をした。だいたい一週間から一〇日程度の取材で、特集をまとめる。長くて一ヵ月ということもあったが、このときは本だった。出張して「なにもできませんでした」なんてことはもちろん許されず、どんなに条件が悪くても記事をそつなくまとめなくてはならない。もっとも大切なのは「わかった」と思い込むことだ。アメリカの広大な国立公園を前に呆然と立ち尽くそうが、インドのパワーに圧倒されようが、欧州の街にありがちの複雑な歴史に惑わされようが、「わからない」なんて泣きべそをかいてはいられない。

しかし、実際に住んでみると、まったくちがうものが見えてきた。どんな国であろうと、どんな街であろうと、住人にしてみれば単なる日常でしかないということだ。とかく取材ではほかにはない、珍しいテーマを探しがちだが、もちろんそんなものはどの街でも日常ではない。

「取材」を英語でなんというのかさえ、はじめはピンとこなかった。「coverage」や「report」などと辞書にはあるが、依頼内容がうまく相手に通じない。ふさわしい言葉を探しているうちに、結局、「reportage」であり、「interview」なのだとわかった。たとえばビール醸造所で製造過程を撮りたければルポルタージュで、醸造責任者の話が聞きたければインタビューになる。外国でも、日本でも、記者としての仕事そのものはなにひとつ変わらない。ただ取材の前提となる社会や歴史はまったく異なる。そのため、言葉のニュアンスひとつを確認し合う必要が出てくる。日本で取材するように、カーナビに目的地を設定し、次から次に現場に移動するなんて効率のよい仕事はできなかった。何度も同じ場所に通い、何度も同じ人に話を聞いた。一度の取材では見えてこないことが、つきあいを重ねるうち、たくさん見えてくる。自ずと時間をかけ、根気よく、じっくり取材するようになっていった。

そして、ぼくは本を書きはじめた。先輩に言われたとおり、自分の考えていることを書こうとしてみた。かつては聞き流していた余談が本の中心となった。そんなものを書き込めば書き込むほど、考えれば考えるほど、マスメディアには必要のない記事になってくる。自ずと本というメディアを選んでいた。まずは自分で自分を取材した。自分の家族であれば、撮影に許諾をとらなくても、ぼかしをいれなくても、自由に取材できる。こうして書いたのが『プラハのシュタイナー学校』(二〇一〇年、白水社)であり、『棄国ノススメ』(二〇一五年、新評論)だった。前者は子どもたちが海外の学校でなにをどう学んだかについての記録で、後者は日本人家族が外国暮らしをした日々の記録である。

ときどきぶらりと日本に出かけては取材をつづけている。ある地方で、久しぶりに沿岸漁業の取材をしたときのことだった。約束の時間に行くと、屈強な漁師が一〇人くらいで待っていた。

「おい、テメエ、なんの用だよ」

最初からやけに喧嘩腰だった。凄みながら、声を荒げて脅してくる。話を聞いているうち、いろいろなことが見えてきた。祖父の時代、埋め立てと公害の反対運動がすさまじかった。父の時代、まったく獲れなくなり、漁師が一人もいなくなった。そして、いま、なんとか細々と生活できるくらいに漁が復活した。ブラックな職場でパワハラにあって鬱になるより、自然相手の仕事のほうがましだ。みんな口々に言った。漁師たちは次第に表情を緩めていた。

「国とうまくやりながら、なんとか漁をつづけたい。たてつきでもしたら、せっかく復活した漁場を埋められ、いっかんの終わりだから」

四半世紀前、父の時代にも取材した。漁村の風景はほとんどなにも変わらないのに、漁師の考え方はすっかり変わっていた。事実、川の流れをほんの少し変えるだけで、漁場は簡単に吹っ飛ぶ。不思議なもので、魚はどこにでもいるのではなく、特定の場所に湧くからだ。国に金玉を握られている状況を、若い漁師たちはいとわなかった。長らく取材を重ねていると、その場その場の取材だけでは見えてこない、いろいろな変化が見えてくる。時間の流れに、歴史の本質が顔をのぞかせる。

なんのために、こんなことをしているのだろうと思うこともある。ときどきぼくは屈服して、もうやめようかと弱気になる。しかし、二人の子どもを育てながら現場での取材を重ねているうちに、ぼくにとって「屈服しきれないもの」がなんなのか、だんだんはっきり見えてきた。なんてことはない、子どもたちに語り継ぐためなのである。なにも自分の子どもだけではない。世界中の子どもに向けて、日々の記事を書く。今日の記事はいつしか過去の記録となり、未来への警鐘となる。幸福な出会いを積み重ね、ありふれた日常や、あたりまえの歴史をちゃんと取材し、かっちり写真に撮り、きちんとした記事を書いていく。諦めず、繰り返し、記録していく。世界を知れば知るほど、世の中にはまだまだ知らないことばかりだと気づき、「もっと知りたい」と背中を押されては取材に出かける。ぼくは自分が無知で無力であるがゆえに、まだ屈服できないでいる。

（フリー記者／編集者）

もうひとつの村

二宮大輔

Д氏に捧ぐ

　アレクセイが荷造りを始めた。マーシャはまだ寝ている。オムスク駅に近いことが、ギャスパルにもわかった。この父娘も下りるのか。ギャスパルは自分のメールアドレスを書いた紙を、アレクセイに渡した。アレクセイもギャスパルのノートにメールアドレスを書いた。上のベッドのもうひとりのアレクセイは何をしているのか、カーテン越しからノートパソコンの光が見えるが物音はしない。父娘とギャスパルはコンパートメントを出た。

「ダ・スヴィダーニャ」

　ギャスパルはオムスク駅のプラットホームに下りた。目の前に白髪のジェントルマンがGASPARD LENSKIとプリントされたA4くらいの紙を両手で持って立っていた。ギャスパルは、自分の名前が書かれた紙を持っている人を、このとき初めて見た。横を見ると、アレクセイが妻らしき女性と抱き合っている。マーシャは指をしゃぶっていた。ギャスパルは紳士に歩み寄った。

「ギャスパル。ズ、ズドラストゥヴィーチェ」

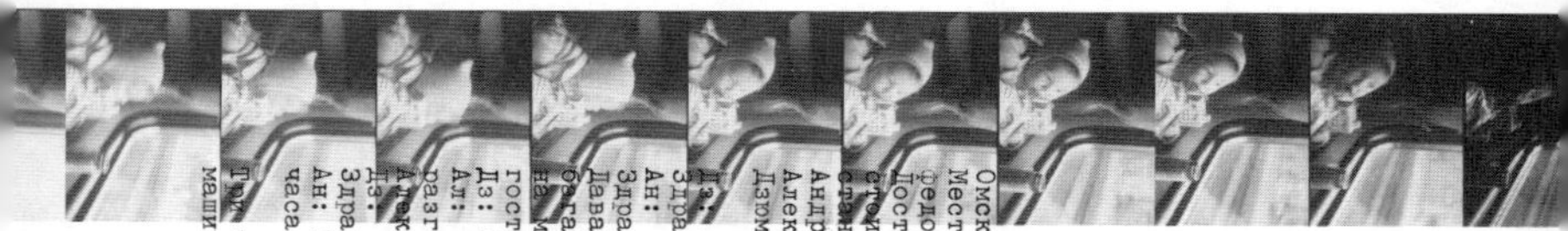

Омск.
Место сибирской ссылки
Федора Михайловича
Достоевскго. Дзюмпэй
стоит на платформе,
станции Омска. господин
Андрей и девушка
Александра подойдут к
Дзюмпэй.

Дз: Я Дзюмпэй.
Здравствуйте.
Ан: (пожает руку)
Здравствуйте. Андрей.
Давайте я несу ваш
багаж. Пойдемте в стоянку,
на машине отведу в
гостиницу.
Дз: Я сам несу, спасибо.
Ал: (вмешивается в
разговор и пожает руку)
Александра.
Дз: (смущается)
Здравствуйте. ДАРЭДА?
Ан: Требуется четверть
часа до гостиницы.

Три человека войдут в
машину.

「ズドラストゥヴィーチェ。アンドレイ」

二人は握手をした。すぐ隣りの若い女性も手を出してきた。

「アレクサンドラ」

お迎えは二人だった。バウチャーには二人とは書かれてなかった。彼らがホテルまで付き添うことになった。アンドレイの車は小型のロシア製だった。ギヤはマニュアルで、タイヤにはチェーンが巻いてある。アンドレイは運転しながら自己紹介——仕事はリタイアし、いまはいろいろなことを手伝っている——を始めた。器用にハンドルを左右の手で交互に持ち替え、指を差しながら、あれはスターリン建築だ。ここから先はフルシチョフ時代だ。いま渡ったのはカール・マルクス通りだと説明する。

車は街から外れ大きな川を渡り、ショッピングモールらしき新しい建物の裏の、川縁にある高層ホテルの前で停まった。アンドレイはチェックインを手伝ってくれた、というより監視しているようだった。アレクサンドラは広いロビーのソファに座っている。ギャスパルは手続きを終え、アレクサンドラとローテーブルを挟み、向かい合う。アンドレイも近づいてくると、アレクサンドラは隣のソファにずれ、アンドレイに場所を譲った。

「さて、君はいったいこのオムスクで、何をするんだい？」

〈ギャスパルの独白に近い訴え〉——オムスクの北にあるヴェヂェーニノ村に

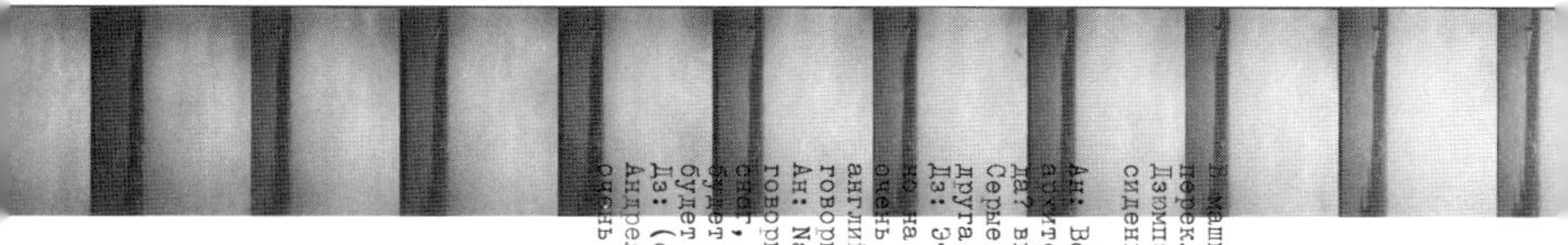

В машине Андрей торопливо
переключает передачу.
Дзюмпэй сидит на заднем
сиденье.
Ан: Вот, здесь Сталинские
архитектуры. Великолепно,
да? вперед есть Хрущевки.
Серые, Похожие друг на
друга.
Дз: Это очень интересно,
но на самом деле я не
очень хорошо понимаю
английский. Мне лучше
говорить по-немецки.
Ан: Natürlich. Я могу
говорить. Сейчас так идет
снег, но в будущем месяце
будет сильнее. Температура
будет ниже -20 градусов.
Дз: (смотря на голову
Андрея) Это должно быть
очень холодно.

行きたい。その村はソクーロフの処女作『マリア』の舞台になっている。撮影期間は長く、一九八八年に撮り終えた映画だ。いま持ってきている十一本のフィルムは、八八年に〈賞味〉期限が切れたロシア製だ。たまたま手に入れたものだが、このフィルムにヴェヂェーニノ村のいまの〝一九八八年〟を収めたい。

「その村は、もうない」

「ん？　村はここにありますけど……」ギャスパルはプリントアウトした地図を指差す。

「その村は別の村だ」

「その村は別の村なのよ」（「君もポーランド語話せるの？」「習ったの」）

「そんなぁ。信じられない……」

「君が行きたいと思っている村は、レニングラード、いまのサンクトペテルブルグからちょっと上に行ったところだ。町の統廃合で、その名前はなくなってしまったよ。君がいまから行こうとしている村は、同じ名前の別の村だ」

「……」

「そこは違う村なんだ。違うとなると、このオムスクで何をする？」

「知っているんですか、その映画？　ソクーロフ知ってますか？」

「知っている。さあ、君はどうするんだ、このオムスクで」

ギャスパルは、「でもモスクワに戻ると言ったところで、ロシアではバウチ

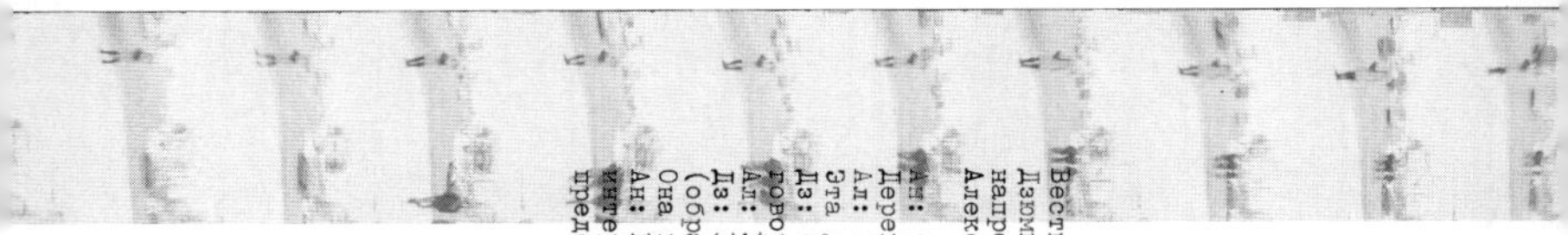

Вестибюль гостиницы.
Дзюмпэй сидит на диване,
напротив Андрея и
Александру за столом.

Ан: (с серьезным лицом)
Деревни уже нет.
Ал: (как уговаривает)
Эта деревня другая.
Дз: (удивляясь) Ты тоже
говоришь по-немецки?
Ал: Училась в школе.
Дз: Вы обо отличны...:
(обращается к Андрею)
Она ваш дочь?
Ан: Нет. Она только
интересуется этим
предетом.

ャー通りに行動しないといけないのでは」と思った。アンドレイはまたギャスパルに聞いた。

「どうするんだ」

「行きます。別の村のようだけど、その村へ行くためにオムスクに来たし、三日間もシベリア鉄道に乗ってきたし」

アンドレイは、「おやおや、そんな勘違いしていた村に行ったところで」という顔をしていたが、口には出さず飲み込んだようだった。

「今日はゆっくり休んで明日起きて、まだそのときも村に行きたかったら、私に電話しなさい」彼は電話番号の書いた紙切れをギャスパルに渡した。


雪が降っている。十四階の部屋の窓から外を見ると、雪なのか灰なのかわからないくらいの夕闇だった。ギャスパルは登山用トレッキングシューズに履き替え、散歩に出た。川岸を進み、そのままオミ川からイルティシュ川を左に折れて、橋をくぐる手前で川沿いの道まで階段を上り、それから街に入って行った。目についたムスリムのスーパーでパンとビールを数本買った。夜の街並は、どこも同じように見えた。だんだんビールが重たく感じてきたので、ギャスパルはどこかで休もうと考えた。

通りから外れたところにスシ・バーを見つけ、ギャスパルはネオンの看板をくぐった。すぐに注文したが、なかなか出てこなかったのでビールも追加した。

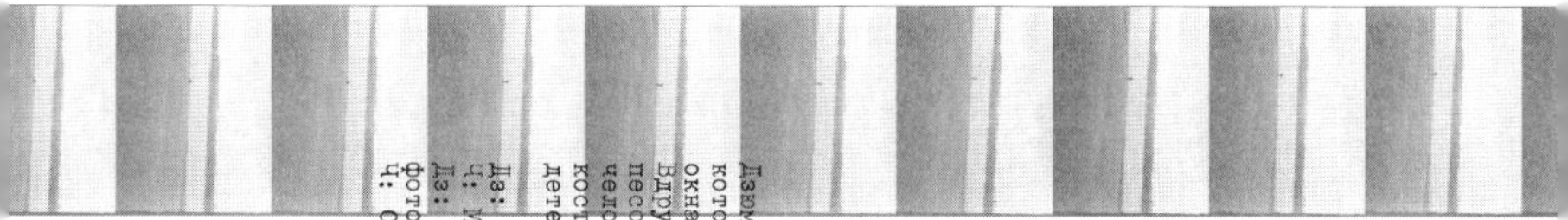

Дзюмпэй смотрит реку на
котором снег падает, из
окна в высотной гостинице.
Вдруг на берегу, из
песоков, показывается
человек, в белом защитном
костюме, с которым
детектор металла.

Дз: Что вы искаете?
Ч: Монеты.
Дз: Извините, можно
фотографировать?
Ч: Of course.

出てきたスシは巻きズシが多かったが、二貫だけサーモンの乗った四角いスシもあった。ネタのほとんどがサーモンだった。店内も電飾だらけだった。調理場は、ギャスパルの座っているところからだと壁があって見えない。その壁には大きな赤い時計が四つ並んで掛かっていた。モスクワ、オムスク、パリ、トーキョー。ギャスパルの時間はヴェヂェーニノだった。

ホテルに戻り、ギャスパルはベッドの上で寝転んでいる。天井の角にぶら下がったテレビをボーッと眺めていた。サッカー中継のようだが、試合はなかなか始まらない。買ったビールもなくなった。エレベーターでバーに下りるのも、おっくうな気がした。解説者のような人と実況者のような人が何かしゃべっている。ときどき画面が切り替わり、グラウンドのゲスト解説者のような人も何かしゃべる。ロビーで目の合った娼婦が、突然ノックでもしてこないかと考えながら、ギャスパルは目を閉じた。

モスクワのヴェルニサージュで買った、ポレオットに備わっているゼンマイ式アラームが、ジリジリと小さく鳴った。すぐにギャスパルは起き上がる。ベッドのサイドテーブルにある電話機を取り、紙切れの番号を押した。

「ドーブラヤ・ウートラ、アンドレイ。ギャスパル」予定通り村へ行くことを伝えた。

「本当に行くのか？」「はい。行きたい」「わかった。すぐにタクシーを手配し

Дзюмпэй одиноко пьет пиво на стойке бара гостиницы.
Проститутка подойдет к нему.

П: Откуда ты?
Дз: (держит пиво в одной руке) Из токио.
П: (указывает место в котором она сидела) Кто среди них тебе нравится?
Дз: (встанет) Та налево, темноволосая.
П: Скажи номер твоей комнаты.
Дз: Нет денег.
П: Сколько у тебя?
Дз: Сейчас истратил на пиво.

Проститутка взглядывает Дзюмпэй, потом уйдет.

よう。三〇分後にまた電話するように」

ギャスパルはきっかり三〇分後に電話をかけた。アンドレイは、ギャスパルが泊まっているホテル近くの別のホテルで待ち、そこのフロントで、タクシーを予約していることを伝えなさいと告げる。ギャスパルはすぐに出かける準備を始めた。フィルムとカメラを確認し、食堂へ急いだ。エレベーターで下りても、離れの建物まで連絡通路を通って行かなければならなかった。通路の廊下にはボルシチ色の絨毯が敷かれていた。急いで食べ、急いでサンドイッチをふたつ作った。

タクシーと待ち合わせるホテルまでの行き方をフロントで聞き、ギャスパルは飛び出すようにホテルを出た。雪がちらちらと降っている。小走りになった。寒かったが、ギャスパルは鼻歌を歌っていた。登山用トレッキングシューズも軽かった。根が朝食をとるとほどなく腸が快活に動くようにできているギャスパルは、便をしていないのも忘れていた。

カウンターで、ギャスパルはタクシーとの待ち合わせについて尋ねた。もうすぐ来るから外で待つようにと。なだらかな坂道沿いにあるホテルの入り口の階段で、タクシーを待った。一〇分も経たないうちに車がギャスパルの前に停まった。いわゆるタクシーではなく、日本車だった。右座席から男が下りた。ギャスパルを認め、近づいてきた。ギャスパルも車道に出て歩み寄る。

「ギャスパル」

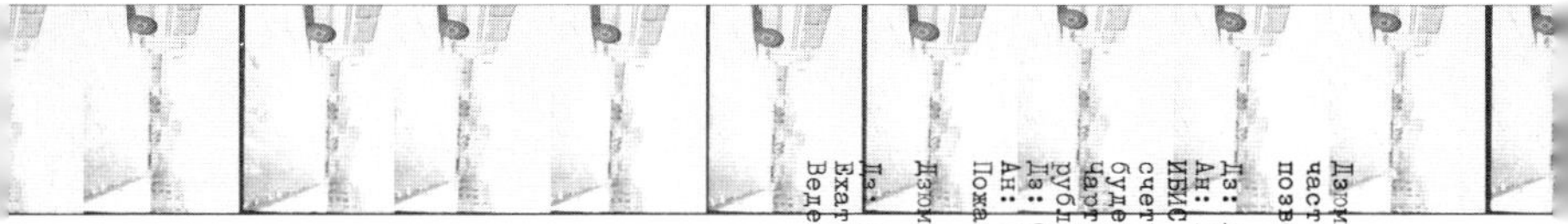

Дзюмпэй подимет верхнюю часть тела в кровате и позвонит.
Дз: Алло? Андрей,
Ан: Подождите такси в ИБИС отеле. Идите в счетчик отеля и там будете инструктирован. Чартер стоит 6000-7000 рублей.
Дз: Спасибо за добро.
Ан: (короткая пауза) Пожалуйста.
Дзюмпэй вашает трубку.
Дз: (вопрос к себе) Ехать на такси в деревню Веденино...? Ну, поехали!

「アレクサンドル」
アレクサンドル。ギャスパルの心はまた弾んだ。アレクサンドルの表情は落ち着いていて、万事わかっているという風な面持ちだった。早速助手席に乗り込んだギャスパルは、アンドレイに示したのと同じオムスク近郊の地図を、カメラバッグから取り出しアレクサンドルに見せた。地図をちらっと見ただけで、アレクサンドルは頷いた。ロシア語しか話せないようだった。もちろんアンドレイから行き先を聞いているのだろう。車はウインカーを出し、出発した。

あっという間に街を出た。アンドレイから、村へは四、五時間はかかると聞いていた。アレクサンドルはまったくしゃべらず、ハンドルを握っていた。ギャスパルも外を見ているだけだった。それでもギャスパルは楽しかった。ただ幹線道路に出てから、遅い車やトラックを抜こうと機をうかがうとき、右ハンドルを握っているアレクサンドルは、緩やかに対向車線へはみ出す。直線ならまだしも、助手席に座っているギャスパルでさえ見にくい右カーブでは、恐ろしくてたまらなくなり、ギャスパルはアレクサンドルの顔を何度も見た。

シベリア鉄道から見えた風景が、車の中からも繋がって見えた。予定通りに進んでいるこの旅も、どうなるかわからないとギャスパルは思った。そもそも贋のヴェヂェーニノ村へ行くことも。ギャスパルの一日を預かったアレクサンドルの車のスピードメーターやタコメーターは正常なようだが、オイルメータ

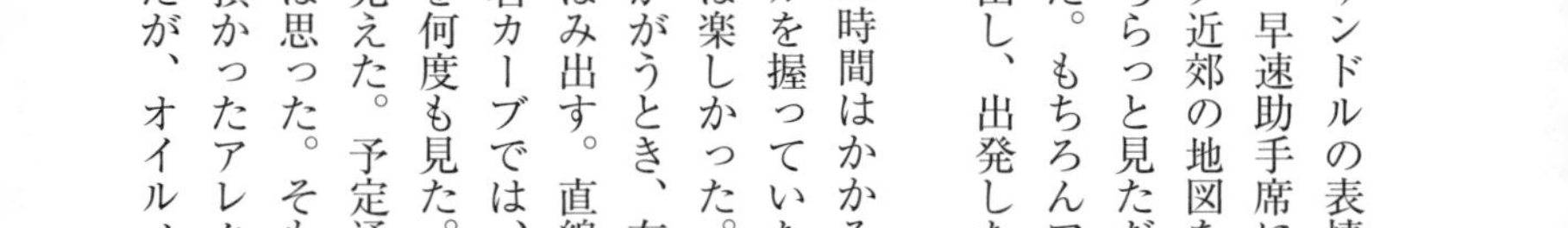

В машине Александра.
Александр молча сидит
за рулем. Дзюмпэй все
время смотрит из окна
на улицу. Время от
времени он фотографирует.
Иногда он смотрит на
Александра.

ーはずっとEだった。しかしまだ、それを指摘できるほどのアレクサンドルとの信頼関係をギャスパルは築いていなかった。

　飽きずに外を見ているだけであったが、どれくらい時間が経ったのだろう。お腹が鳴った。車のスピードは変わらない。薄く積もった雪なのか水たまりなのか、時折タイヤがシューッと音を立てたので、ギャスパルはスリップの不安に襲われたが、車はまっしぐらにヴェヂェーニノ村へ向かっている。ギャスパルはカメラバッグからホテルで作ったサンドイッチを取り出した。ひとつをアレクサンドルにあげた。

「スパシーバ」アレクサンドルは嬉しげに受け取り、むしゃむしゃ食べ始めた。

　大きな道をそれ、交差点を何度か曲がっていくうちに雪道になった。タイヤが滑る様子もなく、ギャスパルはスノータイヤだと思い、ひとり安心した。辺りは畑なのか、雪以外に何もない。人もいない。やっと建物が見えた。長い平屋の倉庫と小さいサイロのような塔があった。ギャスパルは急に外に出たい衝動にかられた。アレクサンドルに、カメラのシャッターを切る仕草で合図をした。アレクサンドルはすぐに車を停めた。

「スパシーバ」ギャスパルはドアを開けた。ビュッと冷たい風が車内に入ってきた。出発のとき以来の外だ。ギャスパルはカメラのフィルムカバーをカパッと開けた。すぐに手がかじかみ、フィルムの先をなかなかスプールに差し込め

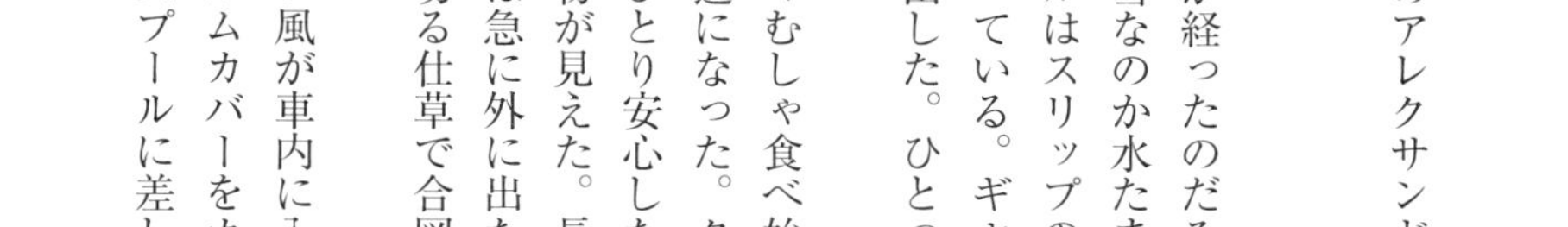

Ал: (получит бутерброд)
Спасибо.
Александр чавкает
бутерброд.
Дзюмпэй станет немного
самодовольный.
Дз: (как будто он молит)
Великий Достоевкий, я
желаю, чтобы мы добрались
без проблем.

ない。車の中で入れておけばよかったと思った。

手袋の上から大きめのサックを親指にはめ、二本撮り終えてから車に戻った。車はまたヴェヂェーニノ村へと走り出した。まったく標識はなく、ときどき出現する交差点をウインカーも出さずに曲がる。相変わらずアレクサンドルには迷いがないように見えた。少し吹雪いて来た。遠くは見えづらく、雪というよりはまた灰の中にいるようだった。交差点は続けて現れるが、周りには何もなく、何も見えない。

T字路を左に曲がると、道の脇を人が歩いていた。ここが村だと、ギャスパルは思った。アレクサンドルはまったく表情を変えない。スピードを緩め人を追い抜くと、数軒の家が通り沿いに見えた。小さい集落だ。車が突然停まった。アレクサンドルが何も言わずに飛び出し、先ほど追い抜いた人としゃべっている。迷っている……ギャスパルは思った。アレクサンドルが車に戻ってきた。イズヴィニーチェより先のロシア語を知らないので、もとよりギャスパルから話しかけることはないが、話しかけづらい雰囲気だった。アレクサンドルは、ギャスパルの座席の肩をつかみ、後ろを見ながら車をバックさせた。さっきのT字路まで戻り、車はまた道なりに進んだ。

到着は急にきた。道の突き当たりに学校のような建物が見え、左に曲がり、百葉箱のような小屋を二、三通り過ぎると、道が細くなった。迷ってから三〇

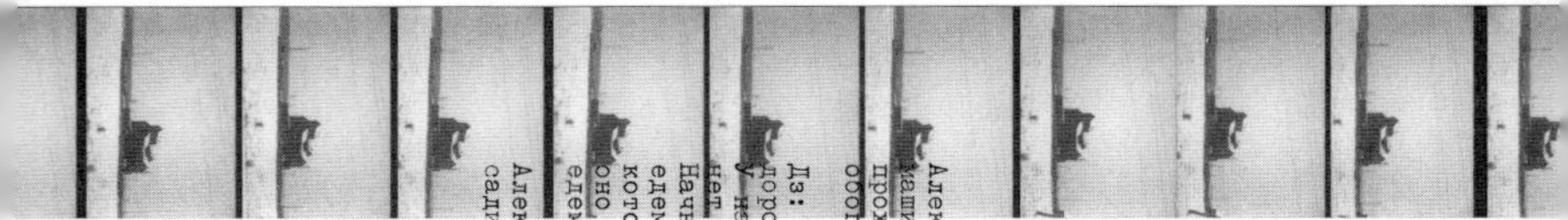

Александр выходит из машины, и обращается к прохожему, которого он обогнал.

Дз: Неужели сбились с дороги? Да, естественно. У нас нет карты, и даже нет дорожных знаков. Начнем с того, что мы едем даже в деревню которое существует. Нет оно существует. Только мы едем в другую деревню.

Александр вернется и садится в машину.

分くらい経っていた。いや、もしかしたらそんなに経っていないかもしれない。車体が揺れだし、アレクサンドルの運転が慎重になったのが、ギャスパルにもわかった。近い。明らかにいままでとは違う道で、舗装もされていない。ギャスパルは持って来た三台のカメラに、それぞれ八八年が〈賞味〉期限のフィルムを詰めた。アレクサンドルがギャスパルを見た。ギャスパルも、隣りに座る頗る優秀な運転手を見た。アレクサンドルは頷いた。

ギャスパルはフロントガラス越しにシャッターを切り始めた。巻き上げが回らなくなるまで切り続けた。フィルムを巻き取り終えると、またすぐに八八年式（そう呼んでしまおう）を装填した。ギャスパルが顔を上げると、ちょうど林を抜けたところだった。左側にはまだ林が続いていたが、右側は一面真っ白だった。雪に覆われているが、広大な畑のはずだ。

何を積み上げているのかははっきりしないが、ところどころ幅が二メートルくらいの丸い雪の山が見えた。コルホーズ時代のものか、朽ち果てて骨組みだけになった農舎があった。その近くで車は停まった。ギャスパルにはわからなかったが、アレクサンドルは、おそらく「着いた」とロシア語で言ったはずだ。ギャスパルはカメラバッグを持って外へ出た。うっすらと道だとわかるところを外れると、雪は深い。興奮からか寒さは感じなかった。廃屋を中心に左右に広がる雪の平原をギャスパルは眺めた。

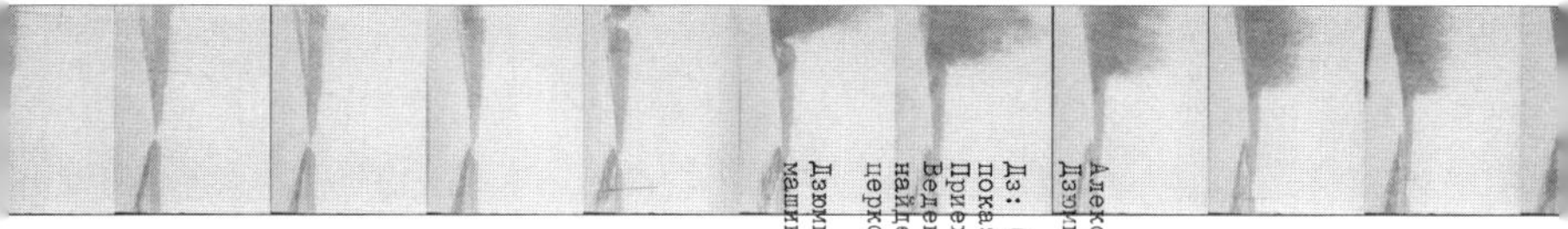

Александр повернется к
Дзюмпэй и кивает.

Дз: (возбужен, но не
показывает этого)
Приехали. Эта деревню
Веденино. Сейчас же
найдем Марию. Разве где
церковь. Пошли по полю.
Дзюмпэй выходит из
машины.

かつては収穫した農作物の貯蔵場であったと、勝手に推測したこの廃屋を撮るべきか、ギャスパルは迷った。いまヴェヂェーニノ村で何を撮るべきか、ギャスパルは考えた。マリアが耕していたこの畑を直進することにした。

一本を順調に撮り切った。少しポイントを変え、二台目のカメラをバッグから取り出したとき、親指にかぶせていたサックが落ちた。元通りにはめようとしたが、なかなかはめられない。面倒になってきたギャスパルは、手袋を取り、そのままサックを親指にはめた。ぶかぶかだったが素手よりはいい。そこから四、五回シャッターを切ったところで、巻き上げが突然できなくなった。何度回そうとしても回らない。力を入れて繰り返していると、サックが吹っ飛んだ。もう一度回そうとしたら親指に痛みが走った。皮がめくれている。親指に力が入らない。カメラも動かない。そしてギャスパルは思った。カメラが凍っている。車を見た。この寒さの中、上着も着ずセーター姿で外に出て、ボンネットに寄り掛かり、携帯をいじっているアレクサンドルが見えた。機械式カメラが凍っていると、ギャスパルはまた思った。この突然の停止は、フィルムの絡まりとは違うと判断できたが、確認しようとフィルムカバーを開けてみた。このとき、八八年式の黄みがかったグレーのフィィルムは、ヴェヂェーニノ村の光をレンズを通さずに浴びた。ギャスパルは静かにカバーを戻した。二台目はこのままにして、三台目を使おう。幸い三台目は巻き上げができた。ギャスパルは安心した。凍る前に撮らなければならない。少し焦りながらギャスパルはシャ

Дзюмпэй щелкает на поле.
Дз: Ой, как больно! Этот
напальчник уже сломан.
Ну, ладно, обойдусь...
(собирается
сфотографировать) Почему
он не хочет работать. Ай
больно. Блин. Кровь течет.
Действительно этот
механический фотоаппарат
может замерзать на морозе.
Больно. Надеюсь что
остольное не замезнет.
Больно. Ноги стали
затекать... (начинает
менять пленки) Так мало?
Я снял всего две пленки.

ッターを切り続けた。二本（二シーン）だけでは、はるばるきたのに少ないと思い、撮り終えている一台目のカメラのフィルム交換を始めた。ギャスパルはさらに雪の中を進み、一台目の二回目を撮り切った。皮のめくれた親指から血が出ていた。

ギャスパルは酷寒と興奮の中、車に戻った。助手席でギャスパルは、感覚のなくなった手でフィルムを巻き取り、撮影の満足を確認し、アレクサンドルに「フィニ！」と言った。それを受け、車はまた慎重に雪道を走り出した。

アレクサンドルはハンドルから両手を放し、ギャスパルを何度か笑わせた。ドライブインに寄った。駐車場には大型トラックが数台並んでいる。二人はスープとパンと揚げ物を食べた。勘定はギャスパルが支払った。

「スパシーバ」

「スパシーバ」

陽はすでに傾いていた。雪道ではなくなり、街に近づくと道は渋滞になった。周りの車が次々にライトを点し始めた。アレクサンドルのオイルメーターはEのままだった。ギャスパルはコダックのリバーサルを、ヴェヂェーニノ村では使わなかったカメラに装填した。ファインダーを覗くと、前を走っているメルセデスのテールランプが赤く光った。

（グラフィック・デザイナー）

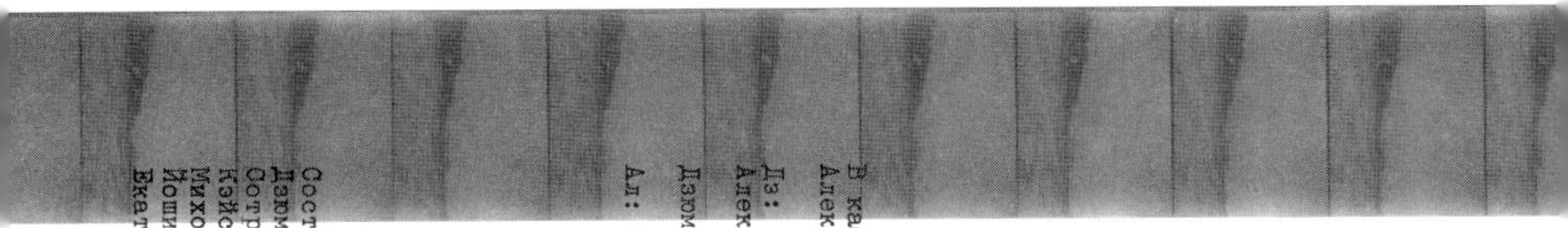

В кафе. Дзюмпэй и Александр едят.

Дз: (доел и смотря на Александра) Спасибо.

Дзюмпэй встанет и платит.

Ал: Спасибо.

Составление текста:
Дзюмпэй Ники
Сотрудничество:
Кэйсукэ Наката,
Михо Камэдзаки,
Йошиэ Такахаши,
Екатерины Черноусовой

プロフィール

島　武実　しま　たけみ

作詞家。一九四六年、東京都生まれ。日本のテクノポップ・バンド「プラスチックス」でリズムボックスを担当。高田みづえの「硝子坂」などの作詞で知られる。著作に『ウディ・アレンで別れてよ』（一九八九年、リクルート出版）、『み・ず-MI・ZU-』（リクルート出版、一九九〇年）などがある。

音部美穂　おとべ　みほ

フリーライター。一九八〇年、神奈川県生まれ。OL、女性週刊誌、写真週刊誌編集者を経て、二〇一三年よりフリー。雑誌を中心に、著名人、企業インタビューなどを執筆。書籍構成多数。

佐々部　清　ささべ　きよし

映画監督。一九五八年、山口県生まれ。明治大学文学部演劇科、横浜放送映画専門学院（現・日本映画大学）卒業。おもに『陽はまた昇る』（二〇〇二年）、『半落ち』（二〇〇四年）、『ツレがうつになりまして。』（二〇一一年）、『八重子のハミング』（二〇一七年）など多数の監督作品がある。

阿部稔哉　あべ　としや

カメラマン。一九六五年、岩手県生まれ。二〇一一年より三陸沿岸の撮影をつづける。一七年から『新潮45』で「明日も列車の中で眠る」を、作家・下川裕治氏と共同連載。下川氏との共著も多数ある。

鈴木敏朗　すずき　としろう

コピーライター。一九四九年、北海道旭川市生まれ。明治大学商学部卒業。（株）チョコレート代表取締役クリエイティブディレクターとして、多くの企業の広告戦略立案に携わる。現在、（株）ギャップ顧問。

中村智志　なかむら　さとし

ノンフィクションライター／朝日新聞社メディアラボ。一九六四年、東京都生まれ。上智大学文学部を卒業後、八七年に朝日新聞社入社。『週刊朝日』編集部などに所属する。著書に『段ボールハウスで見る夢』（一九九八年、草思社）『あなたを自殺させない』（二〇一四年、新潮社）など。

立花文穂　たちばな　ふみお

美術家。一九六八年、広島県生まれ。著作に『かたちのみかた』（二〇一三年、誠文堂新光社）、『Leaves 立花文穂作品集』（二〇一六年、誠文堂新光社）などがある。二〇〇四年、第二一回ブルノ国際グラフィック・デザイン・ビエンナーレでグランプリ受賞。

大澤　悠　おおさわ　はるか

新聞記者。一九八七年、東京都生まれ。法政大学社会学部卒業後、二〇一〇年、中日新聞社に入社。岐阜県高山支局に赴任し、三年三カ月、飛騨地方を駆け回る。三重県松阪支局勤務を経て、現在は名古屋本社編集局教育報道部。曾祖父、祖父も新聞記者。趣味は登山と漫画を読むこと。いま気になる題材は地域医療構想。

大津茂巳　おおつ　しげみ
写真家。一九六五年、福岡県生まれ。福岡県立伝習館高等学校卒。分析機器のエンジニアから一九九七年に学校写真のカメラマンに転身。二〇〇七年に個展「雲上の楽園」、二〇一一年に個展「Travel at Time」をキヤノンギャラリーで開催したほか、グループ展を含め、さまざまな写真展で作品を発表。

いしいしんじ
小説家。一九六六年、大阪府生まれ。『ぶらんこ乗り』（二〇〇〇年）、『トリツカレ男』（二〇〇一年）、『雪屋のロッスさん』（二〇〇六年）、『悪声』（二〇一五年）など、数多くの作品で知られる。坪田譲治文学賞、織田作之助賞大賞、河合隼雄物語賞など。

加藤麻司　かとう　あさじ
コピーライター　一九六五年、大阪府生まれ。二〇〇一年麻司事務所設立。企業や商品のブランディングを中心としたコンセプトワードおよび広告コピーの開発をおこなう。おもな仕事Panasonic、BREITLING、帝国ホテルのほか、鯖江の眼鏡、富山のかまぼこなどの地域事業に関わる。受賞歴に、東京コピーライターズクラブ新人賞、読売広告大賞、朝日広告賞、日経広告賞、N.Y.ADC賞など。

アライ＝ヒロユキ
美術・文化社会批評。一九六五年生まれ。著書に『天皇アート論』（二〇一四年、社会評論社）、『ニューイングランド紀行』（二〇一三年、織研新聞社）、『オタ文化からサブカルへ』（二〇一五年、織研新聞社）などがある。

坂口裕彦　さかぐち　ひろひこ
新聞記者。一九七六年、兵庫県生まれ。一九九八年毎日新聞社入社。山口、阪神両支局を経て、二〇〇五年に政治部。二〇一三年外信部に移り、ウィーン特派員を経て、現在は大阪本社代表室委員。著書に『ルポ　難民追跡――バルカンルートを行く』（二〇一六年、岩波書店）。

長谷良樹　はせ　よしき
写真家。一九七二年生まれ。ニューヨークで写真のキャリアをはじめ、現在は日本をベースにコンテンポラリー写真の製作に携わる。写真集に『THE HAPPINESS WITHIN』（二〇〇八年、YHP）などがある。オフィシャルサイト www.yoshikihase.com

丸山有美　まるやま　あみ
一九七七年、神奈川県生まれ。フランスで日本語講師、日仏二カ国語ポッドキャストのパーソナリティなど日仏のことばや文化に関する仕事に携わったのち、雑誌『ふらんす』（白水社）編集長を八年間務める。二〇一六年よりフリーランス。便宜上「編集者／翻訳者／ライター」などと名乗るが、二〇一七年二月現在「フランス便利屋」が本人としてはしっくりくるようだ。

門馬聖子　もんま　きよこ
フリーライター／双子の母。一九七五年、神奈川県生まれ。三笠書房、ワールドフォトプレスを経てフリーに。現在はビジネス書ライティングを中心に活動。

勝山泰佑　かつやま　ひろすけ
報道写真家。一九四四年、東京都生まれ。数多くの雑誌のグラビアページに写真を発表する。一九七八年、ボブ・ディラン初の日本公演を撮影。写真がライブLP『武道館』のジャケットを飾る。写真集に『寂聴』（一九九一年、朝日新聞社）、『海渡る恨』（一九九五年、韓国・汎友社）、『Photo 50年　できごと―ひとびと　1963―2014』（二〇一五年、寒灯舎）などがある。

ヤスダユミコ＋武藤雄一　むとう　ゆういち
アートディレクター＋デザイナーのヤスダがおもにビジュアルデザイン、クリエイティブディレクター＋コピーライターの武藤がおもに言葉まわりを考える。企業のブランディングやプロダクトデザイン、そして絵本など、広告をはじめとした創作活動をおこなっている。ヤスダはいま、秋川渓谷近くのアトリエで、ハーブの庭づくりに夢中になっている。N.Y　ADC金、銀、銅賞。LIA金賞。ブルノ・ビエンナーレ金賞。

大矢靖之　おおや　やすゆき
書店員。一九八〇年、東京都生まれ。学習院大学大学院人文科学研究科修士課程修了、近現代フランス哲学専攻。現在、紀伊國屋書店新宿本店仕入課係長。『週刊ダイヤモンド』「目利きのお気に入り」連載中。新書大賞選考に関わる。

熊谷朋哉　くまがい　ともや
編集者／プロデューサー／執筆。一九七四年、福島県生まれ。編著書に『Yellow Magic Orchestra × SUKITA』（エフエム東京、二〇一〇年）、『プラスチックス　情報過多　Too Much Info』（徳間書店、二〇一六年）、『ラジカセ for フューチャー』（誠文堂新光社、二〇一六年）など。

天野　誠　あまの　まこと
デザイナー。一九六一年、静岡県生まれ。一九八五年桑沢デザイン研究所卒。森啓デザイン研究室、ヒロ工房を経て、一九九七年に独立。二〇〇〇年に有限会社マジックビーンズ設立。長岡造形大学特任教授、桑沢デザイン研究所非常勤講師。

下平尾　直　しもひらお　なおし
共和国代表。一九六八年、大阪府生まれ。京都大学大学院人間・環境学研究科博士課程退学。二〇一四年四月に出版社「共和国」を創業する。二〇一六年末現在の既刊二三点。編著書に『燃えるキリン　黒田喜夫詩文撰』（共和国、二〇一六年）、『俗臭　織田作之助［初出］作品集』（悪麗之介名義、インパクト出版会、二〇一一年）など。

増田幸弘　ますだ　ゆきひろ
フリー記者／編集者。一九六三年、東京都生まれ。著書に『プラハのシュタイナー学校』（二〇一〇年、白水社）、『棄国ノススメ』（二〇一五年、新評論）、『黒いチェコ』（二〇一五年、彩流社）、『岐阜を歩く』（二〇一六年、彩流社）、『不自由な自由　自由な不自由　チェコとスロヴァキアのグラフィック・デザイン』（二〇一七年、六耀社）などがある。

二宮大輔　にのみや　だいすけ
グラフィックデザイナー。一九七五年、東京都生まれ。映画スタッフ、個人デザイン事務所、スイス・バーゼル留学、熔接工、映像制作会社、出版社を経て fischiff VERLAG und KÜCHE 代表・店主。

編者あとがき

東京・浅草ではじまった二五人の筆者による物語はロシアで終わり、そしてこのあとがきをいま、スロヴァキアで書いている。別にこうした流れにしようと意図したわけではない。物語の時間は終戦ではじまり、一九八八年、つまり冷戦が終わる前年の年号にこだわる人物で終わる。そして、二〇一七年、新たな世界がはじまる予感のなか、本書を世に送り出すことになった。それも意図したことではない。ほんとうに、ただの偶然だ。

小説家いしいしんじさんが本書に寄せた〈「みずうみ」をめぐって〉で、「小説を書くとは、ふしぎな行為です。『羊の群れ』は、僕よりもはるか遠くを見通している」と書いた。それはぼくがこの本を編集した実感に近い。本書を構想した時点から「羊の群れ」ならぬ合わせて二五人の筆者が、それぞれの仕事を抱えながら、なにか「気」のようなものに押され、いつしかひとつの流れをつくり出していた。ということは、この本は決して偶然に生まれたものではなく、こうなるべくしてこうなるよう、あらかじめ定められていたのかもしれない。

「雑な器のためのコンセプトノートをつくりたい。思うことを、自由に書いて欲しい」

一緒に新聞や雑誌をつくってきた編集者や記者、カメラマンやデザイナーらに声をかけることからはじまった。ずいぶん乱暴な、なんだかよくわからない暗号のような執筆依頼に、みな敏感に反応した。筆者にはあえてぼくという一人の記者、一人の編集者となんらかの縁がある人に限ってみた。そのほうが綺麗事ではない、生々しい現場の本音が集まってくると思った。著名な方にもお願いしたが、多くは現場で働く一スタッフである。これまでメディアに文章を書いたことのない方もいる。編者となったぼくにしても、メディアの一黒子にすぎない。

きっかけはロック・ミュージシャンのプリンスだった。

Albums, remember those? Albums still matter. Like books and black lives, albums still matter.（アルバムのこと、覚えてる？　アルバムはいまも大切だ。本や黒人の命のように、アルバムはやはり重要なんだ）

二〇一五年、第五七回グラミー賞でプリンスは、短いが、含蓄のあるスピーチをした。翌一六年に急死するプリンスのメッセージは、胸に突き刺さったまま、離れなかった。孤高のミュージシャンの戯言とは聞き流せない、切羽詰まった危機意識が、びんびんに伝わってきた。たしかに「アルバム」を忘れかけていた。音楽をＬＰレコードで聞いていた高校生のころ、音楽好きの友だちはあえてレコードを「アルバム」と少し気取って言い換えていた。一九八〇年代前後のことだ。そのころは音楽がとても元気だった。ＬＰレコードをやっとの思いで買っては、はじめて針を落とす瞬間、とてもワクワクしたものだ。しかし、ＣＤの時代になってそんな気持ちがだんだんぼやけてきて、ネットで音楽がいくらでも無料で聴けるいまとなってはまず味わえなくなった。死にたいというより、消えてしまいたい」

「世の中が音楽を必要としなくなり、もう創作の意欲もなくなった。死にたいというより、消えてしまいたい」

加藤和彦さんが二〇〇九年、そう書き残して自死を選んだとき、強い衝撃を受けた。カリスマの音楽をレコードが擦り切れるほど何度も聞き、なにがしかの影響をいまに至るまで受けてきたのもある。それ以上に、必要とされなくなったのは個人であり、一人ひとりの人間だと感じていたのが大きい。一人ひとりの思いが掻き消され、おざなりになってしまっている。

編集者の熊谷朋哉さんは本書に寄せた〈パンク・ロックと新自由主義（1975-1989-2001-2016）〉で、ロックンロールは「メディアも未発達であった当時、若者たちに唯一、グローバルかつリアルタイムに近いスピードで伝播するメッセージだった」と指摘する。しかし、一九八九年のベルリンの壁崩壊を境に、「奇妙なことに、ロックはストレートな進化を止めた」。

二人のミュージシャンの言葉にはなんの関係がないように思えて、深くつながっている気がしてならない。ビートルズにはじまり、いつもロック・ミュージシャンが時代の先端を走ってきた。プリンスの言葉を受け、いまの時代、「器」、なんでも載せられる「雑な器」が失われたのだと気づかされた。それが社会の閉塞感につながっているのではないか。事実、かつて暮らしの回りには、「雑な器」があふれていた。新聞も、雑誌も、本も、音楽も、映画も、テレビも、あらゆるものが「雑な器」であり、社会そのものが「雑な器」だった。商店街には小さな店が軒を連ねていた。そこに本屋さんがあり、レコード屋さんがあり、映画館があった。家族だって、親戚だって、町内会だって、「雑な器」である。コピーライターの加藤麻司さんが本書の〈こだわることに飽きちゃった。〉に書くとおり、いつしか「デザインやクォリティを気にする人が増え、商品もお店も街もなにもかもがお洒落になっていった。洗練という言葉を使ってもいいと思う」状況が生まれていた。しかし、いつしかセレクトされたものしか「器」に盛り込むのをゆるさない社会になっていた。

日本ばかりではない。世界中が同じように「洗練」され、いまやどの街もよく似た印象を放っている。「洗練された」とは褒め言葉のはずである。しかし、ぼくの意識では、「衛生化」という言葉と重なる。一九世紀末から二〇世紀はじめにかけて、プラハでおこなわれた再開発のことである。ユダヤ人ゲットーの衛生状態が悪いとして、アール・ヌーヴォー様式の建築が建ち並ぶ「洗練された」街並みにつくりかえられた。さらにはナチスによる「民族衛生」の考えが生まれ、住民のユダヤ人はことごとく絶滅収容所に送られた。

歴史は繰り返す、とよく言われる。日本で「抗菌」が流行ったのは二〇世紀末だった。バブルが崩壊して「失われた一〇年」と呼ばれる時代がはじまり、社会が息苦しくなっていった。そして、二〇世紀はじめになって「ヘイト」という「民族衛生」の考えが日本に現れた。幼稚園の子どもの声がうるさいと、閉園を迫られるようになった。この流れは決して偶然ではない、はずだ。

メディア（media）は、メディウム（medium）の複数形である。メディアとはそもそもひとつではなく複数であり、つまり「雑な器」こそがメディアの本分である。しかし、インターネットの時代になって、メディアのありようが大きく変わる。情報が爆発的に増えるのに反比例して、なぜか言論や表現の多様性が減少し、身の回りから「雑」が消えていった。それもそのはず、世界規模で見れば、インターネット以前、無数の新聞や雑誌があったにも関わらず、いまはたとえばグーグルであったり、フェイスブックであったり、アップルであったりと、数えるほどのメディウムを世界中の人が見ている。SNSは人と社会をつなぎ、個と個を結びつけているようでありながら、実態としては、ジョージ・オーウェルが小説『一九八四年』で描いたビック・ブラザーに思えてならない。そんな陳腐な「引用」と思いつつ、いまこの小説が世界的に広く読み返されている。人間心理につけいる稚拙な巧妙さがネットビジネスにはつきまとう。なにを見て、なにを検索し、なにを買ったかなど、すべての情報が吸い上げられていく。「交流の場」だったSNSも、近ごろは「広告の器」としての本性を暴力的にあらわにしている。

振り返れば一九九二年、『朝日ジャーナル』が廃刊となったのが、メディアが袋小路に入り、迷走をはじめるひとつの契機になったように、ぼく個人は体験的に感じている。ちょうどバブル崩壊にあたり、日本の社会が大きく変質していく時期に重なる。〝ジャーナル〟は、新聞がジャーナリズムから情報メディア産業に舵を切り替えたとき、ひっそりその使命を終えた。売れない雑誌は存在が認められなくなっていた。そして、このころから雑誌は「広告の器」として、なにを伝えるかではなく、いかに広告を集めるかが重視された。大手広告代理店の主導で、主従の逆転が進んだ。

しかし、情報産業という枠組みのなか、新聞や雑誌は瞬く間にインターネットに飲み込まれていく。かつて暮らしの中心にあった新聞や雑誌は読まれなくなり、テレビも見られなくなった。ネットの世界では、なにより「ページビュー」「アクセス」「リーチ」といったカタカナ言葉で語られる到達度が重視される。それらをいかに上げるかに、内容をどれだけ深めるかより、力が注がれる。キーワードをできるだけ記事に埋め込むなど、検索で引っかかる工夫が最大のノウハウとなる。それも「広告の器」ゆえである。ネットでは、飛びきりのスクープも、猫の笑い顔には勝てない。いまや無価値なもののほうが価値のある情報となった。ここでふたたび主従の逆転があり、メディアはねじれにねじれてしまった。

二〇一一年三月一一日、東日本大震災が発生してから二週間後、現地入りしたカメラマンの阿部稔哉さんは〈写真のこと〉で、「静かだった。怖いくらい静かだった」と被災地を描写する。ぼくは大震災の前、雑誌で北上川特集を取材・撮影するため、岩手県にある源流から宮城県の河口まで、総延長二四九キロにおよぶ川沿いを、行ったり来たりした。なかでも大河が流れ込む追波湾《おっぱ》の風景に、目を奪われた。ぼくのほかはだれもおらず、「怖いくらい静かだった」。過ぎ去る車窓から何度ともなく目にした、川沿いに建つおもしろい建築の小学校が記憶に残った。

津波のとき、追波湾がどうなったか、あの美しい景色が気になった。二年後、ようやく訪ねた。クルマを走らせ、愕然とする。川沿いの道は途中で切れ、海になっていた。「怖いくらい静かだった」。そして、小学校に立ち寄り、黙祷した。本書のカバーはそのとき撮った卒業制作の写真をもとに、デザインしている。「未来を拓く」という言葉を、撮影のときには気づかなかった。まさに本書のカバーにふさわしい子どもたちのメッセージを、ぼくは知らぬ間に受け取っていた。意図的ではない。単なる偶然だ。しかし、撮った瞬間からここに立ち現れるのが、おそらく決まっていたのだろう。いしいさんの書くように、「『羊の群れ』は、僕よりもはるか遠くを見通している」。

二〇一六年春に依頼した原稿が上がってきたのは、年末から年明けにかけてだった。よく似た原稿になるかもしれないとの危惧をよそに、まったくちがう切り口の原稿が揃った。行間には各人の問題意識がにじみ出ていた。こうして現場の声を集めた「雑な器」として、この〝メディア論〟は生まれた。長引く「出版不況」のなか、現場の声を集める以上、「本が売れない」だとか、「仕事がない」だとか、この先を悲観する言葉が混じっても仕方ないと覚悟していた。しかし、ひとつ、またひとつと集まってきた原稿はどれも基本、ポジティブなものばかりであるとともに、一人ひとりが未来を指し示そうとしていた。ぼくは画家ゴーギャンが最後に呟いた言葉を思い出していた。

「私は這いつくばっているけれども、まだ負けてはいない。拷問のさなかにあって微笑しているインディアンが何で負けているものか」(一九〇三年四月の手紙、『芸術新潮』二〇〇九年七月号所収「ゴーギャンという人生」特集より。ゴーギャンは同年五月に亡くなる)

そう、現場は這いつくばっているけれども、まだ負けてはいないのだと、集まってきた原稿の最初の読者になりながら、ぼくは改めて思った。個々人の、社会の、世界の未来を拓くために。

メディアの仕事をはじめたばかりのころ、「新聞が戦争協力をしたなんて、なにかのまちがいだ」と思ったことがある。しかし、「偽ニュース」や「キュレーション・メディア」「ステルス・マーケティング」「ポストトゥルース」（すべてカタカナ言葉だ！）などが社会問題となるなか、それは史実であると同時に、メディアの「本性」でもあると感じている。『メディアの本分』なんて、いささか大仰な書名になったが、だからこそいま、「本分」をしっかり考えてみたいのだ。

本書を編集した同時期、チェコとスロヴァキアのグラフィック・デザイナーたちを取材して回り、表現の自由が著しく制限されていた社会主義時代を浮き彫りにしようとした。『不自由な自由　自由な不自由　チェコとスロヴァキアのグラフィック・デザイン』（六耀社、二〇一七年）は、本書と表裏一体になっている。いまの日本と、いまの世界を考えるうえであせてご一読いただきたい。

本書は、〝豪腕〟編集者として名高い彩流社の河野和憲さんに、プロデューサーとして並々ならぬご尽力をいただき、かたちになった。「わけのわからないものにこそ真理はある」という本書に向けた彼の言葉は、まさに「雑な器」の真髄である。

二〇一七年二月一四日　ブラチスラヴァにて　編者

フィギュール彩 84

メディアの本分《ほんぶん》

二〇一七年三月十一日　初版第一刷

編者――増田幸弘
発行者――竹内淳夫
発行所――株式会社 彩流社
〒102-0071
東京都千代田区富士見2-2-2
電話：03-3234-5931
ファックス：03-3234-5932
E-mail：sairyusha@sairyusha.co.jp

印刷――明和印刷(株)
製本――(株)村上製本所
装丁――仁川範子
組版――集

Printed in Japan, 2017
ISBN978-4-7791-7087-4 C0336
http://www.sairyusha.co.jp